高校生の模擬国連

──世界平和につながる教育プログラム──

山川出版社

はじめに

宮坂 武志

　高校生が取り組む模擬国連について体系的にまとめた書や，スキル・ノウハウを解説した本は，どこの書店でも1冊も見当たらない。それなら自分たちで執筆しようと，模擬国連に関わる高校教員が立ち上がったことでつくられたのがこの本である。とはいえ，現在何らかのかたちで模擬国連にかかわっている先生すべてに執筆を依頼したわけではない。2018年8月に開催された全国高校教育模擬国連大会（AJEMUN）⊖用語解説 に，役員として従事した教員にまずは原稿の依頼を限定した。今後，もっと多くの教員の寄稿を期待したい。

　ところで，模擬国連は国連を模擬するわけであるが，そもそも国連とは何か。第二次世界大戦後の1945年に発足した国際連合の前身は，第一次世界大戦後に結成された国際連盟である。第二次世界大戦で事実上解体した国際連盟を再建したかたちで，国際連合が誕生することは周知であろう。ただ，当初加盟した国家は第二次世界大戦の戦勝国（連合国）であり，日本はドイツなどと枢軸陣営を形成していて敗戦国となったため，戦後しばらくは国連に加盟できないでいた。日本が加盟したのは，サンフランシスコ平和条約での主権回復を経て，国連設立から10年以上も過ぎた1956年である。それでも，現在日本は世界で第3位の国連分担金の拠出国である。日本がそこまで国連を重視する理由は何であろうか。そして，そもそも国連が存在する意義とは何であろうか。

　国連の目的について，国連憲章の第1条には最初に「国際の平和および安全」が明記されている。2度の世界大戦への反省から生まれた国連なら当然のことである。ところで，ここでの「国際の平和」とは「国家」間の戦争を回避することによって実現される。では，現代における「国家」とは何か。

　歴史的にみると，中世末からヨーロッパ世界で集権国家が形成され，近代において主権は人民に帰するようになり，国民を主体とする国民国家へと発展したというのが通説であろう。20世紀には，この国民国家がヨーロッパ以外にも拡散し，現

在，ほぼ地球規模で国民国家体制が確立している。この過程で幾度となく「国家」と「国家」が武力を用いて争う「戦争」が繰り広げられた。しかし同時に，ヨーロッパでは大きな戦争が起きるたびに，「国家」（その代表や使節）が集まって会議を開いて戦後のあり方を話し合い，戦後の平和を維持しようと努めてきたことも事実である。そして戦後しばらくは，強国（大国）を中心に国家間の協調が図られ，戦争を抑制するための国際体制が形成された。

しかし，大国アメリカが参加しない国際連盟が要となったヴェルサイユ体制はきわめて短命に終わり，次の世界大戦が勃発してしまう。未曾有の世界戦争となった第二次世界大戦は，人類の愚行の極致であった。この反省をもとに誕生した戦後の国際体制を担うのは何であろうか。

もちろん国際連合だといいたい。しかし残念ながら，戦後しばらくはアメリカとソ連，西と東の超大国が世界をリードする「冷戦」体制が，その名の通り直接の「戦争」にならない状態（第三次世界大戦とはならなかったという意味）で，皮肉にも「国際平和」を維持した。冷戦が終結してようやく，超大国に代わって国際平和を担うのが国際連合となったのである。国家間の対話と協調によって平和を維持しようとする国連は，現在の国際平和体制を担うにふさわしい存在だ。国家間の対立を緩和できる場として，国連が大いに機能すべき時代がきたのである。

そして日本は，戦後の憲法で武力行使の放棄を掲げている。憲法そのものに対する議論が高まっているものの，現状で「戦争」という手段に訴えられない以上，国際平和のために国連に大いに期待せざるを得ない。日本が国連を重視する理由の１つはここにあるといえよう。

17世紀中頃	三十年戦争	⇨	ウェストファリア会議（条約）	⇨	ウェストファリア体制
19世紀前半	ナポレオン戦争	⇨	ウィーン会議（議定書）	⇨	ウィーン体制
20世紀前半	第一次世界大戦	⇨	パリ講和会議（ヴェルサイユ条約）	⇨	ヴェルサイユ体制

∧ヨーロッパ国際体制の展開

国連は2020年で発足から75年目を迎える。国際体制を支える平和維持機構が，これほど長きにわたって存続したことはいまだかつてなかった。この間，国家間の大規模な戦争は抑制できたが，一方で新たな危機にも直面している。「国家」ではないタイプの武力行使，すなわちテロの脅威である。さらに「国家」単位では到底解決できない，自然環境破壊や地球温暖化，資源の枯渇，人口爆発，移民・難民などの問題も生じている。「国家」を超越したグローバルな課題には，大国であれ小国であれ，いかなる国でもその解決にむけて行動しなければならない。その際，すべての国家が対等に向き合えるのは，たとえ安全保障理事会での常任理事国の条件を考慮しても，国連をおいてほかにないのではないだろうか。これからの世界で，国連の存在はもっと重要視されてもよいはずである。

　このような観点からも，高校生が国連の会議を模擬することには意味があるといえるだろう。その活動を多くの教育関係者に一から知っていただくために，この本は編まれたのである。この本をきっかけに模擬国連の活動に参加していただける学校，教員が増えてくれることを期待してやまない。

　この本は2部構成となっている。第Ⅰ部では，模擬国連の教育効果とその活動のいろはが説明されるだけでなく，これまでの高校模擬国連のあゆみがまとめられている。とりわけ，全日本高校模擬国連大会 ⊃ **用語解説** に最初からかかわってこられた公文国際学園中等部・高等部の米山先生と早稲田実業学校中等部・高等部の竹林先生を中心に執筆された第Ⅰ部は，これまでの高校模擬国連の歴史の貴重な記録でもある。

　後半の第Ⅱ部では，全国高校教育模擬国連大会の役員の先生方に，それぞれの所属校の取り組み事例を紹介していただく。校内で初心者会議を開催した頌栄女子学院中学校・高等学校の飯島先生。これまでの成果をもとに新たなチャレンジも取り入れて会議を主催することの意義を説く渋谷教育学園幕張中学校・高等学校の齊藤先生。自身のホームページで模擬国連のいろはから上級者に必要なスキルまで惜しげもなく発信し，その内容と前任校での取り組みをまとめた大妻中学高等学校の関先生。今回，唯一の公立高校の先生で，模擬国連と英語教育をからめた

はじめに　3

授業実践例を紹介した埼玉県立浦和西高校の柿岡先生。スーパー・グローバル・ハイスクール（SGH）として独自の模擬国連を実践した玉川学園中学部・高等部の後藤先生。同じくSGHで，他教科との総合的な学習に挑んだ渋谷教育学園渋谷中学高等学校の室﨑先生。関東圏では早くから模擬国連を始め，学校単位で参加している欧米の模擬国連会議についてレポートした公文国際学園中等部・高等部の米山先生。まったくグローバル教育の下地のないなか，急ごしらえで模擬国連を導入することになった浅野中学・高等学校の宮坂まで，各校のユニークな取り組みがこれだけ並ぶのは，この本の最大の魅力といえるかもしれない。ぜひ，気になる学校の事例から読み進めていただきたい。

高校生の模擬国連・目次

はじめに ……………………………………………… 宮坂 武志　1

第I部　準備 ― preparation

1 高校模擬国連は教育のフルコース ……………………… 米山 宏　10

2 模擬国連をはじめる ……………………………… 宮坂 武志　20

3 高校模擬国連のはじまりと全日本高校模擬国連大会
……………………………………………… 竹林 和彦　28

4 全国高校教育模擬国連大会（AJEMUN）の開催
……………………………………………… 宮坂 武志　36

5 高校模擬国連国際大会 In New York …………… 室﨑 摂　42

第II部　実践 ― practice

1 初心者会議の実践例
頌栄女子学院中学校・高等学校 ………………………… 飯島 裕希　52

2 模擬国連のスキルとノウハウ
大妻中学高等学校　かえつ有明中・高等学校 ……………… 関 孝平　72

3 模擬国連会議の企画・運営について
渋谷教育学園幕張中学校・高等学校 ………………… 齊藤 智晃　90

④ 英語教育における模擬国連の授業実践

埼玉県立浦和西高等学校 ………………………………… 柿岡 俊一　118

⑤ 玉川学園の模擬国連

玉川学園中学部・高等部 ………………………………… 後藤 芳文　126

⑥ 模擬国連を授業に

渋谷教育学園渋谷中学高等学校 ………………………… 室﨑 摂　140

⑦ 海外の模擬国連に参加する

公文国際学園中等部・高等部 …………………………… 米山 宏　154

⑧ グローバル・ゼロからのチャレンジ

浅野中学・高等学校 ……………………………………… 宮坂 武志　162

おわりに …………………………………………………… 竹林 和彦　174

付録 **1** **全日本高校模擬国連大会と**
　　　 全国高校教育模擬国連大会（AJEMUN）の記録 ………　178

付録 **2** **基本用語解説** ………………………………………………　186

執筆者紹介

高校生の模擬国連

――世界平和につながる教育プログラム――

全国中高教育模擬国連研究会 編

第Ⅰ部

準備
preparation

1 高校模擬国連は教育のフルコース

米山 宏

模擬国連が熱い?!

今，模擬国連が熱いといわれている。皆さんは「模擬コッカー」なる言葉を聞いたことがあるだろうか？この意味は「模擬国連に懸命に取り組んでいる者たち」といったところだろう。長年模擬国連指導に携わって，生徒の口から初めてこの言葉を聞いたときは驚いたと同時に素直に嬉しくなった。というのも，このような言葉が生まれること自体に模擬国連の隆盛が表されていると感じたからである。全国の決して少なくない高校生たちが夢中になって取り組んでいる教育プログラムである模擬国連とは一体何なのだろう。何がそんなに高校生たちを夢中にさせるのだろうか。

2015年に発足した全国中高教育模擬国連研究会（全模研）では，この類まれな教育プログラムである模擬国連活動を全国のより多くの学校に普及させる活動の一環として，教員自身が模擬国連を体験できる場も提供してきた。その教員模擬国連に参加して初めてわかったことがある。それは知らない者どうしが理想を目指して１つのものをつくりあげる喜び，そして語り合う喜びである。大人でさえ夢中になるこのプログラムに，若さと情熱あふれる高校生がのめり込むのも当然なのかもしれない。

模擬国連の教育効果

模擬国連のもつ教育効果については大きく３点が挙げられるだろう。

１点目は「積極的な発言力や交渉力の涵養（かんよう）と，協働による達成感の獲得」である。模擬国連の場はあくまで会議であるので，自分が発言しなければ何も始まらないというシチュエーションをつくり出すことができる。主催者の違う模擬国連では会議方式も様々で，使われる会議用語も違うので注意が必要である。例えば，lobbyingやcaucusは語句は違うが「非公式討議」「自由交渉」的な意味で使用され，どちらもほぼ同じ意味である。会議中には頻繁にこの非公式討議の時間が設定され

るが，こういった場面でも積極的に自ら他国大使に話しかけなければ，何もすること
がなくなってしまい，いわゆる「会議難民」となる。仮に積極的に話に加わることがで
きても，他国の意見を聞き調整を繰り返しながら自国の主張をできる限り，決議案
（DR ➡ 用語解説 ）に反映させるにはそれなりの交渉力が必要となる。参加大使として
の会議の大きな目的は自国の利益を最大化することだが，独りよがりの自己主張を
繰り返せばよいわけではない。相手をも納得させながら自分たち自身が満足する結
果をつくりあげることが重要なポイントである。言い換えれば，コミュニケーション力
を土台にした戦略力も試されるといっていいだろう。そして会議の最後には交渉結果
が決議（レゾ ➡ 用語解説 ）というかたちで他者に視覚化される。他国大使と協働し
創造した結果が成果のかたちで残るので，大いなる達成感を得ることも可能である。
模擬国連に取り組んでいる生徒誰もが「楽しい」と口にする。それは，コミュニケー
ションをとりながら他者とともに1つのものをつくりあげるという醍醐味から得られる
感覚なのだろう。

　2点目は「国際問題への深い関心の醸成とリサーチ力の鍛錬」である。模擬国連
で扱う議題は，現代世界を覆う様々な社会問題についてである。それらのなかには
日本国内で広く報道されているものもあれば，実は我々の関心の低い分野も多く含
まれている。もちろん我々の関心の多少がその国際問題の重要度を決定するわけで
はない。国内であまり話題になっていないような国際問題であっても目を向けていく
必要があり，模擬国連に参加することによってそのような問題について真摯に考える
動機付けとなる。また議題を扱う際に関心を持っているだけでは議論にならず，担
当国の状況なり政策なりをありとあらゆる側面から調査し，さらにはその状況がほか
の国々によってどのように評価されているのか，またその議題で対峙しそうな国々の
情報までを含めて理解力と思考力を持って網羅していかなければならない。様々な
調査方法を駆使し，議題についてアプローチをしていかなければ，議論できるレベ
ルまで達することが難しいため，結果的に相当な情報収集能力と分析力・取捨選択
能力などが身につくこととなる。

　そして3点目が「英語学習へのモチベーションの向上」である。本来の国連公用
語は英語，フランス語，スペイン語，中国語，ロシア語，アラビア語の6言語だ

1　高校模擬国連は教育のフルコース　11

が，模擬国連においては共通言語は英語である。海外の模擬国連では，世界中の若者相手に「模擬」とはいえ国連と名の付いた舞台で交渉を挑むのだから，そのための英語力は必須である。国内の大会で最も権威ある大会といわれている全日本高校模擬国連大会 ➡用語解説 では公式言語と文書言語は英語，非公式言語は日本語となっている。そのため英語力の向上は参加生徒個々の最大の課題であるはずである。国内の大会でも各学校の多くの帰国生たちが流暢な英語で会話をするのを耳にする。そのような大会において仮に現在の英語力が心細くとも，それらの生徒に刺激を受けてモチベーションが上がることは容易に想像がつくだろう。上のレベルの大会では，英語力を高めなければ会議自体に参加することが難しい場合もある。

　このように模擬国連活動では，学び，発信し，調整を図るという動作を繰り返さなければならない。さらに日本以外での会議となれば，それらをすべて英語でおこなうことになる。もっとも，国内でも学校単位の模擬国連大会などでAll Englishの会議は存在するが，いずれにせよ英語力はもとより，まさにオールラウンドな力を鍛えなければならないのである。昨今，教育界ではアクティブ・ラーニングの嵐が吹き荒れている。アクティブ・ラーニングが「主体的・対話的で深い学び」とされるなら，模擬国連活動はまさにアクティブ・ラーニングといえるのではないだろうか。全模研の先生方からは「究極のアクティブ・ラーニング」であるという声も聞かれる。それは模擬国連活動が１つの目的を持つだけでなく，前述したような全方位的な教育効果を持っているからだと思われる。また，模擬国連の目的は本来の国連の存在意義と寸分とも違わない。それを教育の場に持ち込むことによって，様々な学習効果を同時に生み出すことができる。日本人の国際貢献のあり方が問われているこの時代に，まさに模擬国連の教育プログラムは国際舞台で活躍できる人材の育成に最適な実践プログラムであろう。

経験者の声

　さて，ここまでは教員目線での模擬国連の効用を述べてきたが，実際に活動をおこなっている生徒たちはどのように感じているのか。2名の経験者の声を紹介する。

第Ⅰ部 ● 準備 preparation

生徒の声

高橋佑太さん。渋谷教育学園渋谷高等学校を卒業。高校在学中に全日本高校模擬国連大会に出場し，優秀賞を受賞した。2014年の全米大会に派遣され，そこでも優秀賞を得ている。大学入学後はグローバル・クラスルーム日本委員会に所属し，2017年度の理事長を務めた。

　模擬国連からは多くのものを得た。社会の捉え方，ものの考え方，コミュニケーションの方法，チームワークなど枚挙にいとまがない。今の自分の多くの部分は，中学高校時代の模擬国連活動を通して築かれたものといっても過言ではないと思う。そのなかでも特に自分に影響を与えた2つのことを書きたい。

　1つ目は「自分の可能性を広げることができたこと」だ。模擬国連を通して，学校の垣根を超えた多くの友達を得ることができた。模擬国連活動をおこなう同世代の友人の多くは，「今世界ではこんなことが起きているね」と自分を世界の当事者として認識し，「将来，世界のためにこんなことがしたい」と強い意思を持っていた。そうした友達を得られたことで，自分が「学校」という枠のなかだけに生きており，将来も「学校」の延長線上でしか捉えられていないことに気づかされた。自分はもっと広い世界に生きていて，学校の決められたレールの上にいるだけではない，これまで気づかなかったがこんな未来も自分にはあるのだ，と社会を捉える視野，将来の可能性を広げられたことが，模擬国連から得られたものの1つだ。

　2つ目は「異なる人の立場から物事を捉えられるようになったこと」だ。模擬国連では，母国である日本以外の国の大使役を担うことが多くある。そうなると，自分の価値観では「正」とは捉えられないことも，担当国の立場では「正」である，ということが生じてくる。例えば，唯一の被爆国である日本で生まれた自分にとって核兵器とは使用も保持も許しがたいものである。しかし核保有国にとっては，自国の外交的立場の維持のために核兵器を放棄することはできないという背景がある。頭では理解していたつもりであっても，いざ自分がそうした国の代表として国際会議に臨むとき，またさらに異なる価値背景を持った国々と交渉をするとき，自分の視点からみている世界だけが必ずしも「正しい」世界ではないことを実感した。自分の価値観や物事の見方に固執するのではなく，あらゆる価値観やものの見方を一度受け入れ，「そうした考え方もあるかもしれない」と思えるようになったことが，模擬国連から得られた2つ目の大きなものだ。

　今回挙げたものは，模擬国連が与えてくれたもののほんの一部でしかない。また模擬国連を経験した一人一人が，異なる発見や学びを得ているだろう。付言にはなるが，それが模擬国連の素晴らしいところなのだとも思う。考え方，価値観，求め

るものが全く異なる人が集まり，それぞれの強みや個性を出しながら1つの決議案の作成を目指す過程を通して，どんな人でも自分が求めていた以上の学びや糧を得ることができる受容力を模擬国連は持っていると思う。

生徒の声

安田侑加さん。聖心女子学院高等学校を卒業。高橋さんと同じく高校在学中に全日本高校模擬国連大会に出場し，優秀賞を受賞した。2014年の全米大会に派遣され，そこでも優秀賞を受賞している。大学入学後はグローバルクラスルーム日本委員会に所属し，2017年度の広報局長を務めた。

　模擬国連は，今の私の原点だ。国際問題を一国の大使になりきり討議する，というチャレンジングな内容は，数知れない学びを私に与えてくれた。しかし今回は，活動内容ではなく，模擬国連の場そのものに着目し，2つの学びを記したい。
　1つ目は，自分の限界を定めなくなったことだ。それまでの私は，学校というコンフォートゾーンで力を100%出すことに満足していた。しかし，初めて模擬国連に参加した際，議場で活躍する高校生との，圧倒的な視野や知見の差を感じた。彼らは当たり前のように学外の大会や活動に参加し，自分の力でチャンスを生み出しているようにみえた。そこで私も，失敗を含め経験のすべてを学びにしようと，悩む前にまずは外の世界へ飛び込んでみることにした。結果的にチャレンジゾーンが広がり，挑戦への抵抗感も低くなった。さらに，既定の学びを習得するのではなく，自ら探求することで，予期しない学びと出会い，視野の広がりを実感できた。刺激的な仲間が集う模擬国連での原体験は，今も私の原動力となっている。
　2つ目は，自分の強み，弱みを俯瞰し，その生かし方を模索できたことだ。模擬国連は，ペアや他国の大使を鏡に，自分への気づきを深める機会でもあった。時に自分の苦手な面で相手に迷惑をかけたり，理想通りに行動できなかったりして，悔しい思いをした。そのなかで，自分の弱点によってペアや他国大使との協働にもたらす影響を最小限にとどめようと試み，足りない部分をそれら相手から学ぶなど，自分の弱みと向き合うことができた。同時に，瞬時の選択が迫られる会議では，一国の大使という枠を超え，自分の長所をあらためて認知し，その場に最も貢献できると考えた方法を実践していった。このように自己と向き合う時間は，模擬国連でしか得られなかったものだ。
　模擬国連から得られる学びは人それぞれ唯一無二のものだが，誰にとっても，気がつけば一皮も二皮も剝けた自分や仲間と出会える，そんな場なのではないかと思う。

模擬国連への思い

　全日本高校模擬国連大会が始まる以前より，大阪大学大学院の星野俊也教授（現国連日本政府代表部大使次席常駐代表）が高校生への模擬国連の普及を模索していた。以下の文章は2006年１月17日に日本経済新聞に掲載された星野教授の記事である。

丁々発止学生の模擬国連
——多国間の会議外交を通じ，国際問題や交渉術を学ぶ

　昨年12月26日から４日間、東京・池袋のホテルに世界各国の外交官230人が集まり、国際関係機関の会議が開かれた。……実はこれらはすべて、日本全国の19校の大学生が中心になって開いた「模擬国連（MUN/Model United Nations）」の全日本大会での出来事である。学生に国連事務局スタッフや加盟国代表団の大使役を割り当て、現実さながらに国連会議を英語と日本語でシミュレーションするという教育プログラムだ。

　MUNの歴史は1923年米国のハーバード大学で開催された「模擬国際連盟」にさかのぼる。学生が担当する国の外交方針や政治・経済情勢など事前に研究し、多国間で繰り広げられる会議外交を体験。公式・非公式の交渉を重ね、決議や宣言の採択に至るまでのプロセスで、議題となる国際問題や関係諸国の立場、国際政治のダイナミズムなどを学ぶ。交渉や説得、演説などのテクニックを磨く狙いもある。

　現在、この活動は世界に広がり、各国で大きな大会が催されるまでになっている。米国では毎年春、約3000人が集まる全米大会が開かれ、初日の会合はニューヨークの国連本部内の総会場での開会式をはじめ、実際の会議場で執りおこなわれる。

　日本では83年、上智大学の学生だった私が当時の緒方貞子先生のゼミ仲間に声をかけ「日本国際連合学生連盟模擬国連実行委員会」という組織を立ち上げた。ほんの数人で始まった同委員会は「模擬国連委員会」と名前を変え、全国の学生300人余りが参加する大所帯に成長している。

　私が初めてMUNの存在を知ったのは82年、留学先の米国の大学だった。発言権の確保に始まり、決議草案や修正案の書き方、提出のタイミング、議事進行のルールなど国際会議の極意や裏技を熟知した学生が「大使」になりきり、ホットな国際問題を堂々と討議する様子に感銘を受けた。帰国後、緒方先生の指導も受けながら勉強会を開き、翌年の全米大会に代表団を送り出したのが最初の活動だった。……今年８月、東京に高校生を２〜300人集めてMUN大会を

1　高校模擬国連は教育のフルコース　15

開きたいと考えている。近年はイラク戦争を回避できなかった国連に対して失望の声が高まっている。組織の問題もあるが、国連は国際平和と安全の維持には不可欠な機関だと私は考えている。国連を動かすのは私たち自身。国連や国際政治学の専門家の一人として、そんな思いを今度は高校生に伝えたい。

『日本経済新聞』2006年1月17日付（一部省略）

　当時大学生を中心に続いていた模擬国連活動を高校生にまで広げたいという星野教授の思いがご理解いただけるだろう。この新聞記事が掲載されたのち，メリルリンチ日本証券の全面サポートのもと，グローバル・クラスルーム全米大会の第1回日本派遣団として高校生12名が選ばれることとなる。そしてこの第1回の派遣事業が，その後の国内の高校生のための全日本大会のサポートへと繋がっていくのである。ちなみにこの派遣団には，当時一橋大学教授であった中満泉氏（現国連事務次長兼軍縮担当上級代表）が同行している。緒方氏に師事していた中満氏も，緒方氏の意志を継いで模擬国連活動の普及に関心を寄せていたのである。

模擬国連の理念

　全日本大会の始まるより以前に都立国際高校でおこなわれていた模擬国連の授業を簡単に紹介しよう。3年生の選択授業で，もちろん現在の大会でおこなわれているような議事進行ではなく，あくまで一国の大使として生徒が他国の大使生徒と議論するということが主目的の非常にシンプルなものであった。大勢が一堂に会して会議をおこなえば当然そこにはルールが必要となり，そのルールをもとに会議は進行する。ただ本来の会議の目的は多くの国々が直面する地球的な課題に対して，最大多数の国々から納得するかたちで解決策を導き出すこと，それに尽きるのではないだろうか。要するに方法論は問われないのである。

　また，次のようなエピソードもある。ニューヨーク国連総会議場でのグローバル・クラスルーム全米大会閉会式では全日本大会のように優秀校の発表がおこなわれる。このエピソードの主はおそらくエクアドル大使を務めたであろうアメリカの高校生であったと思うが，その高校に賞が授与されることが発表されると歓声があがり，同

16　第Ⅰ部 ● 準備 preparation

時に会場は祝福の拍手に包まれた。その時，その高校の一人の男子生徒が喜びの
あまり大きなエクアドルの国旗をマントのように翻して走って表彰台の方へ駆け寄っ
たのである。私はありがちな光景だと思いながらその景色を眺めていたが，次の瞬
間その生徒は会場内にいた警備員に何かいわれたあと，どこかに連れ去られてしまっ
たのである。彼が何かマズイことでもしたのか。確認はしていないが推測することは
それほど難しくはない。おそらく彼はどこかほかの場所でお説教を受けたはずだ。そ
のお説教の内容とは，国連の本会議場では国旗を振りかざすなということだろう。
加盟国すべてが平等に取り扱われる会議場において，一国の国威を発揚するような
行為は厳に慎むべきなのである。このことが意味することは非常に重要である。前
述したように模擬国連の教育的な有用性は多方面にわたるが，その究極の目的は
国連の存在意義──世界平和の維持・構築──にあると思うからだ。第二次世界
大戦の悔恨から生まれた国際連合は，様々な批判を浴びつつも唯一世界の国々の
交渉の場として存在し続けている。そして現在まで，第三次世界大戦という我々人
類が誰一人望まない事態を回避しているのである。模擬国連とは，今後もそうした
世界平和を堅持するための教育プログラムであると強く信じたい。それが日本に模
擬国連を紹介した緒方貞子氏，さらにその2人に師事した星野教授や中満泉氏の
意志なのではないだろうか。

模擬国連は「教育のフルコース」

　2017年度の全日本高校模擬国連大会で優秀賞を受賞し，2018年の全米大会
に派遣された生徒が，その派遣報告会であるエピソードを披露してくれた。彼はイタ
リアに留学中に模擬国連と出会ったそうで，イタリアの先生は模擬国連を「教育のフ
ルコース」と表現したそうである。まさに的を射た表現であるといえるだろう。私は「全
方位的な教育プログラム」と表現したが，リサーチにはすべての教科に通じる横断的
な知識が必要であり，語学力においてはもちろんのこと，コミュニケーションやリー
ダーシップの面では倫理的かつ道徳的な一面も磨かれる。さらに料理のフルコース
がシェフの創造力の賜物であるように，他国の大使と協働でレゾを書き上げるプロ
セスを考えれば，まさに「教育のフルコース」といえるであろう。

模擬国連という教育プログラムは指導上の教科特性を問わない。現在国内の学校を見渡すと，模擬国連にかかわっている教員は英語科と社会科（地歴科・公民科）の教員が大半を占めるが，どの教科の教員でも指導は可能なのである。例えば地球的規模の課題として環境問題を取り上げるとしても，地歴科，公民科，理科に加えて，家庭科や保健体育科で扱うこともあるだろうし，その関係論文を参照するならば，もちろん国語科や英語科からの指導も必要となるだろう。実際に活動している学校を見渡すと，国語科や理科の教員が指導にかかわっていたり，なかには家庭科の教員がかかわっていたりする場合もある。模擬国連活動が教育のフルコースであるならば，すべての教員がかかわることが可能な教科横断型の教育プログラムとして導入し，ぜひ未来への礎として国際平和に貢献する多くの若者を育てていただくことを切望したい。

19

2 模擬国連をはじめる

宮坂 武志

　高校生の模擬国連は，グローバル・クラスルーム日本委員会が作成したマニュアルにしたがって開催されることが多い。そのマニュアルを参考に，近年の会議の状況をふまえながら全容と会議のながれ，基本用語を説明する。

模擬国連の全容

　模擬国連会議は，会議を主催する運営者（フロントなど）と，会議に参加する大使（Delegate）に分かれる。初心者や初級者がフロントを担当するのはハードルが高すぎるので，まずは大使として何をするべきかを理解してほしい。そして何回か大使を経験したら，今度はフロントのするべきことを知っていくとよい。

　模擬国連会議は，事前の準備と本番の会議に大きく分けられ，おおよそ次のステップで進んでいく。

```
1. 議題の設定と議題概説書(BG)の用意
2. 担当国の国割りとポジション・アンド・ポリシー・ペーパー(PPP)の作成
3. 模擬会議のながれ
  (1) 開会宣言と大使の出欠確認
  (2) 公式スピーチ
  (3) 議題の討議
      着席討議(モデレーテッド・コーカス，通称モデ)，
      非着席討議(アンモデレーテッド・コーカス，通称アンモデ)
  (4) 決議案(DR)の提出と投票
  (5) 閉会宣言とレビュー
```

　このながれを運営者と大使に分けて表にすると図のようになる。このながれを見ても，一度で全容を把握するのは難しいだろう。とりわけ模擬国連では特有の用語が使われるので，その用語の解説とともに会議の内容をもう一歩深く理解してみよう。

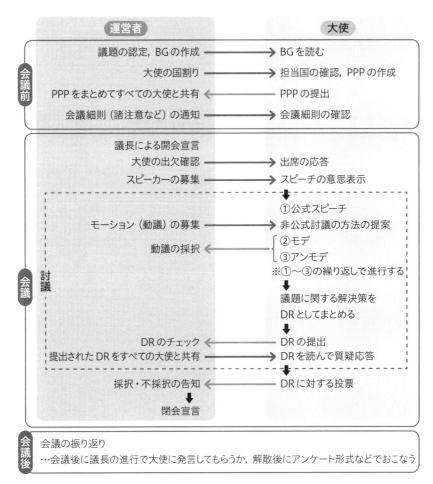

▲模擬国連会議の流れ

会議前(準備段階)

1. 議題の設定と議題概説書(BG)の用意

　これらを用意するのは主催者ないしは運営者(フロント)である。フロントは経験があれば高校生でも可能であるが,議題に関する博識と会議を主導するリーダーシップが必要となる。フロントは,会議監督(Director)・議長(Chair)・秘書官(Secretary)の通常3名で構成される。BGの用意や大使の国割りなどを事前におこなう。

　議題は,国連で現在議論されている課題でも,過去に議論されたことでもよい(過

去の議題の場合，歴史会議となる）。また，先々話し合うことになるであろう未知の
テーマを設定してもよいが，議論のための情報や予備知識が入手できるものでなく
てはならない。「安保理改革」「核軍縮」「移民・難民問題」「食糧危機への対応」など，
多岐にわたる国際問題から1つを選ぶ。

　議題が決まったら，BGを書くか，既存のものを入手する。高校生が一から作成
することはかなりの負担となるので，初めのうちはグローバル・クラスルーム日本委員
会の過去のBGを借用するとよい。当該ホームページから閲覧可能であり，練習会議
用の場合のみそのままで使用することが許可されている。

　BGには，議題設定の理由，議題に関する現状分析（何が話し合われてきたか，
話し合われているか），会議で話し合う論点，以上の3点が主に記載されている。
特に想定される論点のうち，時間の都合などで省かなくてはならないものをアウト・
オブ・アジェンダ ➡ 用語解説 といい，討議が無駄にならないよう大使は必ず確認して
おかなくてはならない。

2. 担当国の国割りとPPPの作成

　会議監督は，参加人数に応じてあらかじめ国連加盟国から議題にふさわしい国
を選んでおき，参加する大使の担当国を割り振っていく。このとき，担当国の希望
を聞く場合と聞かない場合がある。フロントが各大使に担当国を伝え，PPPの記入
書類を送ると，今度は大使が作業を開始する。

　大使はあらかじめBGを熟読し，PPPを記入するためのリサーチに取り組む。リサー
チすることは，担当国の基本情報，その国の一般的な政治・外交政策，議題に対
するスタンスなどである。これを期限内にPPPにまとめて，フロントにメールなどで提
出する。

　会議監督は受理したPPPのなかから，各国の政策やスタンスなどの必要事項を取
り出して，すべての大使が互いの情報を共有できるようにする。ただし，日程の都合
などで共有されないときもある。

ネゴシエーション・ペーパー(NP)の作成

会議が始まる前，もしくは会議中の決められた時間(アンモデのとき)に，自国のスタンスや主張などを簡単にまとめたビラを配布することができる場合がある。そのビラで自国をアピールしたり，交渉のきっかけとしたりするので，配布が許可された会議ではなるべく用意したい。

会議当日(2日会議ないしは1日会議)のながれ

1. 開会宣言と出席確認(Roll-Call)

議長が会議の開会を宣言したあと，大使の出席を確認するため順番に国名を呼ぶので，大使は机上のプラカード(国名を記載したもの)を掲げて返事をする。その後，形式的に議題の採択がおこなわれ，会議の開始となる。

2. 公式スピーチ(Formal Speech)

出席確認が終わると，議長は公式スピーチを希望する大使の募集をおこなう。発言を希望する大使がプラカードを挙げると，議長はランダムに大使を指名し，秘書官は呼ばれた大使の国名をスピーカーズ・リスト(正面スクリーンにプロジェクターで投影する)に記入していく。指名された順に公式スピーチがおこなわれ，スピーチでは議題に対する各国のスタンスや，全会一致(コンセンサス)での解決などを訴える。スピーチはあらかじめ決められた時間内で，前方の演壇にておこなう。スピーチが数カ国おこなわれると，議長は議事進行のための動議を募集する。ここで大使はプラカードを挙げて議長に指名してもらい，討議の方法を提案する。

3. 議題の討議(Debate)

議題を大使どうしで話し合う方法は，主に2つある。

① 着席動議(モデレーテッド・コーカス，通称:モデ)

すべての大使が着席したまま，一定時間(15〜20分程度)内で討議する。全体の時間と各国大使の発言時間はモーションのなかで提案しておく。進行役は，議長でも提案国でもよい。

② 非着席動議(アンモデレーテッド・コーカス，通称：アンモデ)

　自由に立ち歩いて討議する。時間はモーションのなかで提案されるが，30〜40分程度のことが多い。自由に立ち歩いて討議をおこなえるので，スタンスや政策に共通点が見出せる国々が集まって，グループが形成されていく。1つの会議で，3〜4のグループができることが多い。それらのグループ内でDRがまとめられ，一定の条件を満たしたものがフロントに提出される。実際はこの討議時間が長く，間にスピーチをはさみながら何回か繰り返しておこなう。大使どうしの交渉はもちろん，決議案の原稿作成や，加筆修正などの事務作業もこの時間を利用しておこなわれる。

> ### 📎 会議中のメモ回し
>
> 　大使どうしの交渉方法として，メモ回しがおこなわれている。これは立ち歩けない時間(モーション募集やモデのとき)に，他国の大使へのメッセージをメモに記入して，最寄りのスタッフ(アドミニ ➡ 用語解説)に渡して届けてもらうというもの。簡単な伝達やアンモデでの交渉の呼びかけなどが記入される。

4. 決議案(DR)の提出と投票

　DRは，国連文書の書式で記入する(記入例は27ページ参照)。通常の会議ではDRのフォーマットが用意されるので，それにしたがい作成する。前文・主文の区別や定型の動詞の使いかたなど，独特の形式で記入しなければならないので，初心者や初級者は経験者に頼るのがよい。また，ほとんどの会議ではDRをすべて英語で記入することが求められる。

　DRを提出するためには満たさなければいけない条件がある。

① 提出国(スポンサー)の数

　DRの内容(項目)すべてに賛成する提出国が，一定数以上いないと提出できない。必要な国数は，会議の規模(参加国数)によってあらかじめフロントが決定して会議細則などで通知している。スポンサーが集まらないとDRを提出することができない。

② 決議案（DR）の内容・項目の整合性

　DRを作成しても，内容に著しい誤りや項目ごとの矛盾がある場合，あるいは論点外（アウト・オブ・アジェンダ）のことにふれている場合は，フロントが指摘して修正させるか受理しないことがある。よってフロントには，提出された決議案をチェック（ディレク・チェック ➡ 用語解説 ）する能力が求められる。議題の内容，会議のルールを十分に理解するのはもちろん，英語の決議案を読める力も必須である。

> ### 📎 DRの草稿としてのワーキング・ペーパー（WP）
>
> 　DRの草稿段階として提出できるものとして，ワーキング・ペーパー（WP ➡ 用語解説 ）というものがある。2日会議で初日にどうしてもスポンサーが集まらないとき，とりあえずWPを提出しておき，2日目の会議で提出したWPをベースにスポンサーを増やして決議案に格上げすることも可能である。会議によってはWPを認めなかったり，逆に初日はWPだけを提出させたりする場合もある。

　DRはスポンサーの数が揃えば，複数のグループがそれぞれに提出してもよい。1日会議の場合はDRを1つにまとめるのは難しいが，2日会議の場合は，1日目に提出された複数のDRをもとに，2日目にDRを修正したり統合させたりすることが可能である。修正されたDRはアメンド ➡ 用語解説 と呼ばれ，複数のDRを統合させるための交渉をコンバイン交渉という。決議案1（DR.1）と決議案2（DR.2）がコンバインされれば，統合のベースとなったどちらかのDRを修正するかたちとなり，決議案1の修正版（DR.1/Rev.1）となる。これは，決議案2（DR.2）の内容が決議案1に取り込まれ一本化されたとみなすのである。よって，提出したDR.2を取り下げなくてはならない。このように少し複雑な決まりがあるが，究極的には参加国の全会一致による決議が理想であるので，時間に余裕のある会議ではコンセンサスを目指して交渉をおこなってほしい。

　DR（修正案や統合された案）が受理されたら，各大使が目を通せるように印刷して配布するか，プロジェクターで投影する。DRを読む時間（3〜5分程度）が与えられたのち，DRに対する質疑応答のモデがおこなわれるので，メイン・スポンサー ➡ 用語解説 は前に出て質問に対応する。

2　模擬国連をはじめる　25

国益と国際益

　模擬国連は，高校生が各国大使になりきるロールプレイングであるから，自分の考えよりも担当国の国益に沿った発言や行動をしなくてはいけない。たとえ自分が核兵器に反対の立場でも核保有国の大使を担当したら，核の全廃という主張は安易にできないわけである。とはいえ，国益だけをごり押ししたら議題の解決には繋がらない。国益を大きく損ねることなく国際益を満たすにはどうすればよいのか，その点を事前に十分吟味し，会議中も国益と国際益のバランスを意識して発言や行動をしなくてはならない。

　質疑応答が終わると投票に移る。投票方法も動議で決定するが，以下の3種類から選ぶことになる。なお，通常は出席した国の過半数の賛成で可決となるが，重要案件ならば3分の2の賛成が必要と決められる場合もある。

① 点呼による投票（Roll-call vote）

　議長が順番に大使を指名するので，各国大使はDRに対してYes（賛成）・No（反対）・Abstention（棄権）・Passのいずれかを答える。Passの場合は，すべての国の投票（回答）が終了したあと，あらためて指名されるのでYesかNoのどちらかを返答する。Passした場合にはAbstentionが認められない。投票（回答）は記録されるので，どの国が賛成（反対）したかが議場全体で明確になり，DRに反するいい加減な投票はできない。

② 全会一致を確認する投票（Consensus voting）

　議長が全会一致かどうかを確認し，反対する国がなければ可決とみなし，1カ国でも反対があれば，不成立として①の点呼による投票に切り替える。

③ 挙手による投票（無記録投票）（Unrecorded voting）

　議長が賛成・反対・棄権かを問うので，大使はいずれかにプラカードを挙げて意思表示する。どの国がどれに投票したのかという記録はとらず，それぞれの投票数だけで判断される。

5. 閉会宣言とレビュー

　投票が終了すると，閉会宣言をもって会議は閉会となる。閉会後に時間が許せ

ば，フロントも大使もレビューをおこなうとよい。とりわけ，決議案がまとまらなかったり否決されたりしたときには，なぜうまくいかなかったのかを振り返ることはとても重要である。また，会議行動において大使が国益を損なう発言をしたり国際益を無視した行動をしたりしたことなども，相互に指摘し合うことで気がつくこともあろう。次の会議に向けて建設的なレビューをおこなってほしい。

MODEL United Nations　　　　　**MA/73/DR.2**

United Nations

General Assembly

Distr.:Limited
20 March 2019
Original: English

United Nations General Assembly

Agenda item: Arms Transfers

Sponsor: Afghanistan, Cambodia, Colombia, Denmark, El Salvador, France, Honduras, Italy, Israel, Jordon, Kenya, Lebanon, Libya, Monaco, Morocco, Netherlands, Philippines, Saudi Arabia, Sweden, South Africa, Syria, Tunisia, United Kingdom, Uruguay,

The General Assembly,

　　Recognizing the fact that the issue of the illicit arms transfer requires concerted efforts at the national, regional and international levels to prevent, combat and eradicate the illicit manufacture, transfer and circulation of small arms and light weapons, and that their uncontrolled spread in many regions of the world has a wide range of humanitarian and socioeconomic consequences and poses a serious threat to peace, reconciliation, safety, security, stability and sustainable development at the individual, local, national, regional and international levels,

　　Recalling its resolution 72/57 of 12 December 2017, as well as all previous resolutions on the illicit trade in small arms and light weapons in all its aspects, including resolution 56/24 V of 24 December 2001,

△DRのイメージ（実際に使用されたものを加工）

2　模擬国連をはじめる　　27

3 高校模擬国連のはじまりと全日本高校模擬国連大会

竹林 和彦

　2018年秋，第12回全日本高校模擬国連大会 ➡用語解説 が東京・渋谷にある国連大学本部で開催された。この大会には，141校215チームが応募し，厳しい予選を通過した86チーム172名の高校生が参加した。また，それよりも3カ月前の8月，夏休みが始まってすぐに東京・品川で開催された第2回全国高校教育模擬国連大会(AJEMUN) ➡用語解説 には71校500名を超える高校生が全国から集まった。全国各地で開催される会議や練習会議には，もっと多くの中学生と高校生が参加しているだろう。

　今，多くの高校生たちが授業や課外活動を通して模擬国連活動に参加し熱中している。もちろん，全国すべての高校で，「模擬国連」という言葉が通じるわけでもなく，すべての高校生が「模擬国連会議」に参加できる環境にあるわけでもない。しかし，模擬国連を知っている高校生の数は増え，模擬国連会議に参加することに楽しさを感じる高校生が多くなってきている。最近では，高校生の会話のなかでも「模擬コッカー(模擬国連活動をしている人，学生)」という言葉が使われていることには驚かされた。わずか10年ほど前には，「模擬国連」はごくごく限られた一部の高校生にのみ知られている活動に過ぎず，高校生がすぐに参加できる模擬国連会議もほとんどない状態だった。今なぜ，模擬国連はこんなにも注目され，高校生たちが熱中し，エネルギーを注ぎ込む対象になったのだろうか。ここでは，高校教育の現場に模擬国連活動が浸透していった10年の間を振り返り，高校模擬国連の魅力と普及の歴史にふれていく。

全日本大会が始まる前の高校生にとっての模擬国連

　大学生が運営する日本模擬国連によれば，模擬国連は1923年アメリカのハーバード大学でおこなわれた「模擬国際連盟」がその原点である。1950年代初頭にはアメリカでいくつかの模擬国連会議が開催されていた。それらの会議の一つである

National Model United Nations（NMUN NY）へ，日本からも大学生を参加させ
たいと，当時上智大学の教授を務めていた緒方貞子氏（元国連難民高等弁務官）を
中心に，1983年に「模擬国連実行委員会」（現日本模擬国連）がつくられたことが，
日本への模擬国連の導入の大きな契機である。大学生の活動はこの派遣活動から
広がっていった。

　大学生の模擬国連が1980年代，90年代にかけて徐々に普及していった一方，高
校での模擬国連活動はその期間に広がりはみせていない。海外で教育を受けた教
員や外国人講師，大学模擬国連を経験した教員，そして帰国生によって各学校の
なかで模擬国連活動は紹介されたようだが，その波は大きくならず，学校間で模擬
国連会議をおこなうような活動にはなっていない。しかし，そのなかでも京都外大西
高等学校では国際文化コースが中心になって1991年11月から「関西高校模擬国連
大会」が開催されている。「関西高校模擬国連大会」の参加校は当初 2 校のみだっ
たが，1995年には10校を超えている。しかし，参加校のほとんどが関西周辺の高
等学校で，全国的な広がりには繋がらなかったようである。

　21世紀になるといくつかの学校で模擬国連がおこなわれるようになった。公文国
際学園中等部・高等部のように海外の高校生の模擬国連大会に参加し模擬国連に
取り組む学校や，総合的な学習の時間として探究的な授業のなかで模擬国連会議
を取り入れた桐蔭学園中等教育学校，高校 3 年生の選択授業のなかで取り入れ
た都立国際高等学校が出てきていた。しかし，模擬国連に取り組む学校は増えた
ものの，実施している学校だけのプログラムとして模擬国連活動は存在していた。そ
れゆえに全国的な大会が開かれることもなく，残念ながら高校生にとって模擬国連
は一部の生徒しか知らない，実にもったいない教育活動に陥っていたのである。

㊥明期 ── 全日本高校模擬国連大会の開催

　2007年11月17日，18日の 2 日間にわたって国連大学本部で開催された第 1 回
全日本高校模擬国連大会には，全国から24校28チーム56名の高校生が集まった。
この大会は，日本における全国規模の高校生大会の初めての試みであり画期的なも
のであった。当時，日本の高校生にとって模擬国連は未知なものであり，参加した

高校生も模擬国連会議初挑戦という生徒が多かった。そんな大会が成功に終わり，第2回大会へと続けていくことができたのは，第1回大会を運営した方々の熱い思いがあったからである。第1回大会を開催したのはグローバル・クラスルーム日本委員会であった。その中心メンバーは大学生の模擬国連委員会のOB・OGで，日本の外交や国連で大きな役割を担っている方々であり，実際の会議を運営していったのは模擬国連委員会の現役の大学生たちであった。さらに，アメリカ国連協会が1999年に開発した模擬国連プログラムのスポンサーであるメリルリンチ日本証券の経済的なサポートもあった。これらの方々の熱い思いとチームワークが全国の高校生に模擬国連という活動を伝える第一歩となったのである。

　高校生にほとんど知られていない模擬国連ではあったが，第1回全日本高校模擬国連大会に初心者も含めて全国から24校28チーム56名の高校生の参加があったのは，それより半年前の2007年5月にグローバル・クラスルーム日本委員会が高校生の日本代表団を編成して，ニューヨークの国連本部でおこなわれたアメリカ国連協会主催の全米高校模擬国連大会に派遣したことが大きい。この派遣団は，模擬国連活動を校内ですでにおこなっていた学校やスーパー・イングリッシュ・ランゲージ・ハイスクール（SELHi）に指定されていた学校など，日本全国から6校12名の生徒が選ばれて構成された。その様子は新聞やテレビで取り上げられ，高校生を含めた教育現場に徐々に模擬国連の知名度が上がり，結果として24校56名の参加が得られたといえるだろう。

設立者たちの思いと高校教員の動き

　2007年当時，一橋大学客員教授で，第1回全日本高校模擬国連大会を開催したグローバル・クラスルーム日本委員会の評議会議長であった中満泉氏（現国連事務次長兼軍縮担当上級代表）は，国際社会における日本の存在感低下を懸念しており，高校生の模擬国連活動を通じて国際社会でリーダーとして通用する人材を数多く育成したい，という強い思いを折にふれて述べていた。同じく，グローバル・クラスルーム日本委員会アドバイザリーボードであった大阪大学大学院の星野俊也教授（現国連日本政府代表部大使次席常駐代表）も，その思いはとても強いものであっ

30　第Ⅰ部 ● 準備 preparation

た。高校模擬国連大会の設立者たちの高校生のときから国連で活躍できるようなリーダーを育てたいという思い，そして日本における模擬国連活動のさらなる普及と発展への思いは，まさに第１回全日本高校模擬国連大会で十分に反映されていた。

一方，第１回全日本高校模擬国連大会に参加した24校の教員たちは，別の思いも抱いていた。全日本大会へと向けて生徒たちの準備を見守り指導し，当日の会議を経験するなかで，模擬国連活動のなかに含まれる素晴らしい探究学習へのポテンシャルに多くの教員が心を揺さぶられていた。しかも，その場に集まった教員は様々な教科の担当者であり，すでに教科を横断したコミュニティが出現していたのだった。参加者の高校生たちが国連大学本部のエリザベスホールで熱心に地球温暖化について話し合っているとき，教員たちも模擬国連活動が持つ教育的価値について熱く語り，ぜひこの活動を継続し，複数の学校が集まって練習会議をおこないたいという気運はすぐに高まっていった。

日本に模擬国連を導入したながれは，大学生の場合と高校生の場合とで，アメリカに代表団を派遣し日本大会を開催するという同じような道筋をあゆんだが，第１回全日本高校模擬国連大会の会場で多くの高校教員が教育的価値を共有したことによって，高校生の模擬国連活動の普及は類をみないスピードで全国へ普及していくこととなった。グローバル・クラスルーム日本委員会を設立し，第１回全日本高校模擬国連大会を成功させたメンバーの思いは，その大会中に高校の教員の手によって普及・発展へと進み始めた。それほどまでに模擬国連活動が持っている魅力は強いものだったのである。

教員の思いから生まれた初めての練習会議

第１回全日本高校模擬国連大会からわずか４カ月後の2008年３月，神奈川県の桐蔭学園中等教育学校に関東周辺の学校から６校40名ほどの高校生が集まり練習会議が開催された。高校の部活動としてでもなく，教科が主導する活動でもない。そんな不思議な練習会議が開催されたのだ。その会議に参加した多くの教員はほかに部活動の顧問をしながら時間がないなかでの参加であった。また，模擬国連活動が広く認知されていなかったので，生徒を引率して他校との合同練習に行く

3　高校模擬国連のはじまりと全日本高校模擬国連大会　31

ことは決して簡単なことではなかった。学校から出張として認められず、自費で生徒を引率する教員もいた。ただただ、生徒の熱意と模擬国連の魅力にとりつかれた教員が存在するなかで、なんとか第1回練習会議がおこなわれた。

議題は国連弁当をつくるというものだった。会議で現実ばなれした決議をつくらないようにと、作成したメニューを皆で食べることにした。そのために、学食を運営する企業にお願いして会議で決定したメニューでの食事を用意していただき、練習会議1週間後に再び集まり、レビューを兼ねて皆で食事会をおこなった。模擬国連の会議ルールも見よ

▲桐蔭学園中等教育学校でおこなわれた初めての練習会議

▲初めての練習会議で考えられたメニュー

う見まねでよくわからない教員たちが集まり、また周囲から模擬国連への十分な理解も得られないままの練習会議のスタートであった。しかし教員たちは、参加した複数の学校の生徒たちが自分たちで考えた国連弁当を終始笑顔で食べているのを見て、模擬国連活動は学習という面ばかりでなく、高校生たちの交流の場という面も持つことを見出していた。その後、練習会議への参加校は拡大し、桐蔭学園中等教育学校と渋谷教育学園渋谷中学高等学校の交互開催から、複数の学校が幹事校として会議を開催するようになるなど、さらに広がりをみせていった。

◀渋谷教育学園渋谷中学高等学校でおこなわれた初めての練習会議

◀200名を超える参加者の練習会議
（渋谷教育学園渋谷中学高等学校）

増え続ける全日本高校模擬国連大会への参加校

　24校28チーム56名の高校生が参加して開催された第1回全日本高校模擬国連大会には，応募した全チームが参加できたわけではなく，予選がおこなわれていた。実際，予選には28校39チームが応募している。先に述べたが，高校生の日本代表チームがニューヨークでの全米高校模擬国連会議に派遣されたことで模擬国連活動の知名度は上がっていたが，全国からの参加を募るために経済的な支援も同時におこなわれていた。東京近県以外の参加者には，東京への交通費と宿泊費が支給されていた。そのため，第2回大会には60校83チームが応募し，予選を通過した38校50チームが国連大学本部の模擬国連会議に参加している。首都圏以外の参加者への金銭的な支援が減らされた第3回大会こそ応募は37校54チームに減少したが，次の図1に示したようにその後の参加校は増え続け，2017年の第11回大会には150校を超えた。その広がりは，もちろん模擬国連活動が持つ魅力に支えられたものに違いないが，背後には様々な要因があるだろう。

　第3回大会からは，高校の教員がグローバル・クラスルーム日本委員会に評議員として参加して大会の運営に携わるようになり，より高校生が参加しやすい環境をつくりはじめた。第6回大会からは，メリルリンチ日本証券がメインスポンサーから撤退してしまい金銭的に非常に苦しい時期を迎えたが，共催として公益財団法人ユネスコ・アジア文化センター（ACCU）を迎え入れたことにより運営も安定し，参加校はさらに増加した。ACCUはユネスコスクールの活動を支えることもおこなっており，高校生の模擬国連活動の普及と発展には素晴らしいパートナーとなった。第8回大

会からさらに参加校が増加した理由としては，文部科学省のスーパー・グローバル・ハイスクール事業によるところが大きいだろう。この事業のなかで，模擬国連活動が例として紹介されたことにより模擬国連活動に取り組む学校が増加し，それは全日本大会の参加校の増加に繋がっていった。また，図2に示されたように，高校生の模擬国連活動は首都圏と近畿を中心に活発である。それは学校数などとも関係があるかもしれないが，図3をみると，参加する高校はほぼ全国に広がっている。このように，模擬国連活動がもともと持っている魅力と，それを伝えるための様々な努力によって模擬国連活動の高校への本格的な導入以降わずか10年で全国の高校へ普及していったのである。

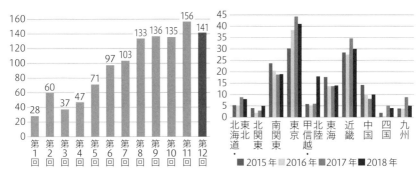

▲図1　全日本高校模擬国連大会参加校の推移　　▲図2　地方別全日本高校模擬国連大会参加校

▲図3　2018年都道府県別全日本高校模擬国連大会参加校

参考文献
日本模擬国連　「模擬国連の歴史」
http://jmun.org/munhistory.html (2019.6.17最終閲覧)
京都外大西高等学校「関西高校模擬国連大会の歴史」
http://kgn.kufs.ac.jp/MUN/pdf/thema.pdf (2019.6.17最終閲覧)
公文教育研究会　プレスリリース「〈公文国際学園〉中高生による『模擬国連』」
https://www.kumon.ne.jp/press/9672/ (2019.6.17最終閲覧)

3　高校模擬国連のはじまりと全日本高校模擬国連大会　　35

4 全国高校教育模擬国連大会 (AJEMUN)の開催

宮坂 武志

　模擬国連では優秀な大使(生徒)が表彰されるのが通例であるが，全日本高校模擬国連大会 ➡ 用語解説 の場合は参加するにあたって書類選考があり，さらに当日2日間の会議で表彰された学校(ペアで参加した大使)には，アメリカのニューヨークで開催される模擬国連大会に日本代表として派遣されるという特典が与えられる。よって，全日本大会に応募する学校が年々増えており，その分，大会への出場が厳しくなっている。2017年大会では全国150校以上の応募に対して，大会出場権を得たのは約80校であり，すなわち半分程度の学校が会議に出られないという激戦状態になってしまった。そこで，全国中高教育模擬国連研究会(全模研)が中心となって，だれでも参加できる全国規模の模擬国連大会を立ち上げようということになり，早速これに賛同した10名ほどの教員が大会役員を引き受けることとなった。さらに大会の運営は高校生に任せようということになり，「高校生の高校生による高校生のための模擬国連」というスローガンを掲げ，実行委員を全国の高校生から募集することにした。それが2016年末のことである。初めての試みながら，北海道から関西まで40名以上もの高校生が手を挙げてくれたことで，大会の開催に向けての準備がはじまった。

　この大会は「全国高校教育模擬国連大会(AJEMUN)」と名づけられ，第1回大会は2017年の8月に東京・代々木のオリンピック・センターを会場に開催することが決まった。各校20名程度を上限に，全国から大使として最大700名の高校生が参加できる日本で最大の高校生模擬国連大会である。慣れない広報活動ではあったが，集まった高校生は400名以上，トライアルとして募集した中学3年生を加えて総勢500名以上となり，4つの議場に分けての初開催を実現することができた。

　この大会では，実行委員と役員(教員)を総務広報，運営受付，フロント ➡ 用語解説 ・アドミニ ➡ 用語解説 の3つのセクションに分け，それぞれに設けたリーダーのもとで実行委員に実務にあたってもらった。しかし，大会半年前に実行

委員が始動したにもかかわらず，全国に散らばる実行委員の高校生を大会当日まで顔合わせさせることができず，準備作業はインターネット上でのメールやSNSなどの通信手段に頼るしかなかった。逆にいえば，この大会が可能となった前提条件としてインターネット環境の充実を挙げることができる。遠く離れていても複数の人間がスムーズに情報伝達しあい，情報交換をおこなえる利点が大いに発揮されたのである。とはいえ，問題点もないわけではない。アドレスなどの個人情報の管理，SNS上の生徒間のトラブル，メールの送受信に生じるタイムラグなど懸念されることは多々あったが，幸いこの第1回大会では懸念されたことが深刻な事態に発展することはなかった。

　第1回大会は，北は北海道から南は鹿児島県までの67校が参加し，「核軍縮」をテーマに4つの議場を設定して，それぞれで議論してもらうこととなった。高校生の議場は，いずれも1つの議場につき60数ペア（トリプルの参加も一部含めて約120～130名）で，模擬国連の規模としては十分である。同じ議題を，3つの議場でそれぞれ異なるフロントが議事進行し，異なる大使が議論を重ねて決議案（DR➡用語解説）を練っていくという形式でおこなった。ほぼ同じ国を設定しているにもかかわらず，提出されたDRは内容も本数も議場ごとに異なる結果となった。ちなみに中学生のトライアル版も16校36ペア73名が集い，かなり高等な議論が展開されていた。

　大会をつうじて優秀な大使をどのように評価し，また何をもって表彰すればよいかも事前に検討された。客観的な基準にもとづく審査を誰がおこなうのか。全日本大会のように運営する大学生が高校生を評価するのとは異なり，実行委員の高校生が大使として参加した高校生を評価するというのは，評価する高校生に精神的な負担をかけることになりかねない。役員の教員が評価するのも不公平だと思われる懸念もある。この大会では第

▲第1回全国高校教育模擬国連大会の開会式

4　全国高校教育模擬国連大会（AJEMUN）の開催　37

三者による客観的な評価をくだしにくいのである。そこで，一部の練習会議でおこなわれていた相互評価方式を採用することにした。これは参加した大使どうしの投票での互選という形式である。自国を選ばず，1国ではなく複数の国を挙げるという条件で，2日目の昼休みに投票をおこなった。その結果，各議場で最優秀賞が1国，優秀賞が3国ずつ選ばれることとなった。同時に，客観的な観点といえる実行委員による選出もおこない，特別賞という設定にして表彰することとした。以下，大会報告書から受賞者のコメントを抜粋して紹介したい。

「全国高校教育模擬国連大会は，全国の高校生とともに模擬国連をする絶好の機会だった。全国の舞台で，全く知らない人たちとのどのような議論をし，果たしてどのような結果が生まれるのか，非常に楽しみだった。」(A議場　最優秀賞　ロシア大使　Y君)

「模擬国連はたしかに高校生が現実の国際連合をただ模しているだけなのかもしれません。しかし，私は今回の会議で北朝鮮を担当できたことを誇りに思います。北朝鮮の大使になりきり，議場の大使に精一杯自分の国の主張を伝え，最後まで粘り強く交渉を続けました。何よりも，普段とは全く異なる立場から物事を考えるよい経験となりました。」(C議場　最優秀賞　北朝鮮大使　M君)

「僕がこの大会に出てよかったといえることが主に2つあります。

まず1つ目は，自分の力量が全国の模擬コッカーと渡り合えるものであることを知ることができたことです。校内会議や，地域での合同会議では測れなかった自分の実力を知ることができました。そして2つ目は，全国の模擬コッカーたちと出会えたことです。特に今まで一緒に会議をしたことがあまりなかった関東の模擬コッカーとの出会いは貴重なものとなり，地域による模擬国連の違いなどの発見にも繋がりました。」(B議場　最優秀賞　イギリス大使　S君)

また，この大会がすべて日本語でおこなわれたことに対して，以下のような意見もあった。

「この大会は初心者向けの大会なので，実行委員の方々が議事進行について日本語で説明してくれます。だから模擬国連についてあまり知らない人や英語力に自信のない人でも誰でも気軽に参加できます。私たちの学校も模擬国連部や英語部がないためあまり模擬国連

に関する知識はありませんでしたが，参加することができました。そしてこの大会を通して模擬国連についていろいろなことを知ることができ，より詳しくなれたと思っています。」(B議場　実行委員特別賞　フィジー大使　Kさん・Sさん)

　「この教育模擬国連は大きな意味を持っていたといえる。公式言語も日本語とすることで参加者本人の伝えたいことがダイレクトに伝わるだけでなく，グループリーダーなどはよりいっそう言葉に気をつけて説明や交渉をしなければならないし，まとめる際も細心の注意を払う必要が，公式言語が英語だった時以上に必要になる。」(C議場　優秀賞　フランス大使　M君)

　「今回の会議は日本語ベースのおかげもあり，モデレーテッド・コーカスやスピーチなどの時間を以前よりかは有効活用でき，文言の交渉の内容もより深いレベルでおこなえたと考えています。」(C議場　優秀賞　中国大使　Y君)

　会議の使用言語をすべて日本語にしたことで心理的なハードルがかなり下がり，議題や議論の内容を深く掘り下げながら交渉を進められたようである。

　ところで，この大会の開会式では，基調講演の講演者として，外務省で軍縮を担当されている村本晶子事務官をお招きし，日本政府の軍縮に対する取り組みをお話ししていただいた。さらに，実際の国連で軍縮についてご担当されている中満泉氏（現国連事務次長兼軍縮担当上級代表）からも，大会に関わるすべての高校生に向けて貴重なビデオ・メッセージをいただいた。大会の船出を祝してとはいえ，とても贅沢なゲストであった。中満氏は，自身も模擬国連に取り組んでいた経歴があるからこそ，この活動の大切さを次世代の若者に伝えたかったのであろう。軍縮を決してあきらめない中満氏の言葉は，高校生の胸に深く刻まれたようである。中満氏からのメッセージ(抜粋)を紹介する。

メッセージ

　……現在のグローバル化した世界では，地球市民（グローバル・シチズン）として世界の問題を学び，議論し，理解することがこれまで以上に大切なこととなっています。皆さんが住んでいる場所からはるかに遠い場所で起こったことが，皆さんの足元やコミュニティに大きな影響を与えるかもしれないからです。模擬国連活動を通じてグローバルな課題について学び，世界のなかでの日本の役割，そしてあなた自身の果たすべき役割について考える機会としてください。……皆さんはこれから2日間にわたって核軍縮について

議論をしていくことになります。軍縮を単なる理想ではなく、人道的な観点から、そして安全保障の観点から具体的に、多面的に考え、模擬国連活動のなかで各国の立場を理解し、そのうえで交渉と協力にもとづいた解決方法を見出してくれると期待しています。若い皆さんにはきっと周りの人びと、また世界の人びとの考えを変え、よりよい、そしてより安全な世界をつくっていく力があると私は信じています。

▲外務省・村本晶子事務官による基調講演

　この大会が実現できた理由として、もう一つ、共催団体として名を連ねている公益財団法人ユネスコ・アジア文化センター（ACCU）の存在も無視できない。すでに全日本大会にも共催としてかかわり、高校模擬国連を積極的に支援している団体で、全国高校教育模擬国連大会にも役員として参加し、役員の教員と実行委員の高校生を繋ぐ役割や事務的な仕事を担ってもらった。全国の高校への周知や広報活動から事後の報告書の作成まで、この団体の長期にわたるサポートがなければ途中で立ち行かなくなっていたかもしれない。複数の学校間の交流事業を進めるにあたって、このような第三者的な立場でコミットできる団体は主催する教員や高校生にとって大変頼もしい存在である。

　この大会は、翌2018年も第2回大会を品川・大井町駅前の「きゅりあん」という施設で開催することができた。第1回大会同様に、全国から応募して選ばれた約40名の高校生の実行委員を中心に、大使の募集、大会の準備・運営などをおこなう形式である。高校生だけで500名を超える大使の参加が見込まれたため、第2回大会は中学生の募集をやめて高校生だけの模擬国連大会とした。ただし、前回大会後には、経験者と初心者の差がありすぎて初心者が思うように会議行動ができないという感想も寄せられていたので、第2回大会は経験者会議と初心者会議を分けるかたちとし、経験者会議を2議場（いずれも約75ペア、約150名）、初心者会議も2議場（48ペアと42ペア、いずれも約100名）を設定した。議題については、議題概説書を高校生に執筆させるのは難しいとの判断から、第10回全日本高校模

▲公式スピーチの様子

擬国連大会の議題概説書を利用させてもらい、「国際安全保障の文脈における情報及び電気通信分野の進歩(サイバーセキュリティー)」とした。模擬国連初心者の高校生にはやや高度で難解な議題であっただろう。しかし、初心者議場でも何とか議論が展開され、DRの提出までこぎつけることができたのは、大使として参加した高校生たちが議題について十分に予習し、解決のために何とかしなくてはという気持ちで討議・交渉してくれたからだと思われる。2日間の会議を経て、経験者・初心者それぞれの議場ごとに表彰がおこなわれた。

　このような大会を開催することで、模擬国連は全国の高校生に知的な交流の場を提供することになる。この点も模擬国連のメリットの1つであるが、同世代の他校の生徒と議論や交渉をするという機会は、ほかの部活動ではあまり得られないのではないだろうか。同じ高校生とはいえ、学校ごとの教育理念や方針に沿って学んできた生徒には、それぞれの学校文化・学校風土をつうじて養われた思考があると思われる。その枠を超えて、他校生徒と共通の課題を解決しようと試行錯誤することはとても有益なことである。しかもそれが、全国各地の高校生との交流ともなれば言わずもがなである。この全国大会は、各地に優れた高校生、奇抜な発想の高校生、頼もしいリーダーシップを発揮する高校生がいくらでもいることをお互いに確認し合う、最良の場でもあったのだ。

▲アンモデの様子

4　全国高校教育模擬国連大会(AJEMUN)の開催　41

5 高校生模擬国連国際大会
In New York

室﨑 摂

　2018年5月，高校生模擬国連国際大会への派遣は12回目を迎えた。ここでは，私が生徒引率として参加した6年間の派遣事業のあゆみと，2017年と2018年2回の大会の様子を渋谷教育学園渋谷中学高等学校の生徒の活動を通して紹介する。この派遣事業はグローバル・クラスルーム日本委員会が日本の派遣生のために用意した政府代表部訪問や，国連職員との対談といった活動と実際の国際大会参加の2つで構成される。

　派遣事業参加当初は，高校生模擬国連国際大会はおもに全米の高校生による会議であったが，数年前から全米グローバル・クラスルームが中東地域にある大学の資金的なサポートを受けるようになったことで，世界中の高校生が集まるようになり，文字通り国際大会の様相を呈するようになった。今大会は，世界中の多くの国でおこなわれている高校生のための模擬国連会議のなかでも最大規模を誇る大会であり，20カ国以上から1500名以上の生徒が参加している。振り返ると，初めて参加したころは運営上で混乱があったように思う。特に議場を統括する大学生の議長や会議監督が，彼らの技量と勉強不足のために議事進行の方向性を見失うことや，全米から集まった高校生たちの大使としてのレベルに差があり，準備不足としかいいようのない議論に全体が巻きこまれる場面も見受けられた。しかし，ここ2年の取り組みは全体の企画運営がうまく組織され，また，大学生による個々の会議運営も十分に準備されていて議論が順調になっている。

　日本の派遣団独自の活動として，グローバル・クラスルーム日本委員会が丁寧に準備し，先方と連絡を繰り返して派遣団のために尽力してくれたことは大いに評価できる。その大学生たちの志をくみとり，彼らの気持ちに派遣団の高校生はしっかりと答えていた。生徒一人一人がそれぞれの訪問機関について事前に徹底して準備してきており，訪問先では非常に活発で質の高い質疑応答がおこなわれ，引率教員として大変誇らしかった。まさに国際社会で活躍する人とのかけがえのない交流は，若

い彼らにとって一生の宝物になるはずである。

　以下に2年間のニューヨークでの活動を紹介する。付け加えたいのは，ここで活躍している生徒たちは決して帰国生だけではないということである。本校の例でいうと，2017年度のペアは二人ともほとんど海外在住経験はなく，英語は中学校からはじめた生徒である。6年間の派遣のなかでは，12名中2名が帰国生，2名が1年間の留学を経験した生徒であり，残り8名は一般生徒である。6年間で3度優秀賞を獲得したが，そのうちの2回は一般生徒が受賞した。

高 校模擬国際世界大会第11回派遣（2017年度）

日　　　程：2017年5月9日（火）～ 5月15日（月）
参　加　校：浅野高等学校　開成高等学校　渋谷教育学園渋谷高等学校
　　　　　　渋谷教育学園幕張高等学校　桐蔭学園中等教育学校
　　　　　　灘高等学校
参加派遣生と担当国：小牧薫子/鶴巻明梨　カーボベルデ大使
議　　　場：国連総会第3委員会式にて
議　　　題：死刑制度
派 遣 日 程：
　4月16日（日）　インフォメーションセッション
　5月9日（火）　羽田空港出発/ニューヨーク到着
　　　　　　　　カーボベルデ国連政府代表部訪問
　5月10日（水）　国際労働機関（ILO）ニューヨーク事務局訪問・国連本部見学
　5月11日（木）　国連女性機関（UN Women）訪問
　　　　　　　　中満泉氏（現国連事務次長兼軍縮担当上級代表）訪問
　　　　　　　　日本政府代表部訪問
　5月12日（金）　会議1日目/基調講演　国連人権委員会
　5月13日（土）　会議2日目/閉会式
　5月14日（日）　ニューヨーク出発
　5月15日（月）　羽田空港到着

5　高校生模擬国連国際大会 In New York

カーボベルデ大使訪問

担当国であるカーボベルデ国連政府代表部を訪問。大変気さくな大使で，予定時間をオーバーしても生徒たちの質問に丁寧に答えてくださった。生徒たちは大変意気込んで，各議場での政策立案内容を大使にそれぞれ確認していた。

ILOニューヨーク事務局訪問

ILOニューヨーク事務局を訪問する機会をあたえられた。予定の90分を超えてILOの取り組み，世界が抱える多くの課題，国連が目指す持続可能な開発目標（SDGs）の丁寧な説明はわかりやすいものだった。生徒たちの熱意に大いに答えてくださった。

国連本部見学

国連本部は，生徒のモチベーションを大いにあげる場所である。生徒の顔つきが変わってきた瞬間。

UN Women 訪問

事務局側も日本人のスタッフを呼んでくださるほどの熱の入れようだった。どの生徒も熱心に質疑応答，議論が途切れず，ここでも時間をオーバーする。日本政府のさらなる取り組み，国民の意識改革が求められていることを痛感した。

国連事務次長中満泉氏訪問

日本人の国連ナンバー3として活躍をはじめた中満氏だが，自身が模擬国連経験者であるだけに毎回必ずこの時間をとってくださる。しなやかな強さと柔軟性を持つ彼女との対談と激励の言葉は何よりも生徒たちを力づけた。

日本政府代表部訪問

日本政府代表部では，日本が国連で実に大切な働きと役割を担っていることを感じた。一国の代表として他国と向き合い，自国のみならず他国と国際益を考える，世界の難題に大使として挑む強さを学んだ。

会議1日目

自国の考えに近いグループを集めて中心的役割を担うのが鶴巻。賛同を得られそうなグループや対立するグループを回り情報収集，自分のグループの考えを伝えるのが小牧という役割を徹底した。強い姿勢で臨んだ。

会議2日目

DR作成のため，決めかねているグループを取り込むために積極的に動く。EUグループとのコンバインはかなわなかったが，最後まで粘り強く交渉を続けた。小国ながら積極的に動く彼女たちの姿勢が認められた。

閉会式
国際連合総会会議場にて、カーボベルデ大使になりきって着席。達成感にあふれた笑顔の二人。

高校模擬国際世界大会（in ニューヨーク）第12回派遣（2018年度）

日　　　程：2018年5月8日（火）～5月14日（月）
参　加　校：浅野高等学校　海城高等学校　渋谷教育学園渋谷高等学校
　　　　　　桐蔭中等教育学校　頌栄女子学院高等学校　鳥取西高等学校
参加派遣生と担当国：長谷川えみ里/石川満留　ウルグアイ大使
議　　　場：国連ラテンアメリカ・カリブ経済委員会（ECLAC）
議　　　題：社会的弱者のための社会保障の強化
派 遣 日 程：
　4月15日（日）　インフォメーションセッション
　5月 8日（火）　羽田空港出発/ ニューヨーク到着　UN Women訪問
　5月 9日（水）　国連児童基金（UNICEF）ニューヨーク本部訪問・国連日本
　　　　　　　　政府代表部訪問
　5月10日（木）　中満泉氏（現国連事務次長兼軍縮担当上級代表）訪問
　　　　　　　　日本貿易振興機構（JETRO）ニューヨーク事務所訪問
　5月11日（金）　会議1日目
　5月12日（土）　会議2日目/閉会式
　5月13日（日）　ニューヨーク出発
　5月14日（月）　羽田空港到着

UN Women訪問

UN Womenから4名の方が参加してくださり，SNSを使った啓蒙活動やジェンダー平等を達成するために，男性の積極的な参加を促すHe For Sheキャンペーンについてなど，それぞれの取り組んでいるプロジェクトについてお話を伺った。女性の社会参画や経済力の向上がもたらすメリットについても日本の例を交えながら話してくださった。

UNICEFニューヨーク本部訪問

日本人スタッフ3名より、ユニセフの組織体制、現地での活動、ユニセフが求める人材像などについてお話を伺った。アフガニスタンでの2年間の現場経験を通した学びや苦労など、ここでしか聞けないお話を伺うことができたほか、国際社会で働くうえで必要なスキルについて学ぶことができた。

国連日本政府代表部訪問

模擬国連OBで国連大使を務める星野俊也氏と対談。日本政府代表部では，日本が国連で実に大切な働きと役割を担っていることを感じた。一国の代表として他国と向き合い，自国のみならず他国の立場に立ち国際益を考える，世界の難題に大使として挑む強さを学んだ。

国連事務次長中満泉氏訪問

国連事務総長の右腕として軍縮担当上級代表も務める中満氏より，北朝鮮情勢やサイバーテロ，女性の社会進出に関してご意見を伺った。国連ではすでに管理職レベルで男女比率50/50が達成されていることにふれ，日本でも女性の社会進出が進む必要性について言及されていた。

▼

国連本部見学
厳重なセキュリティチェックを受けての国連本部訪問。生徒たちは初めて見る本部ビルの壮大さに感銘を受けていた。地下にあるUNショップでは，各国の旗や国連のマークがついたグッズが置かれ，生徒たちはそれぞれにお土産を購入したり，関心のあるSDGsのマークのピンバッジを選んだりするなど，リラックスしたひとときを過ごした。

▼

日本貿易振興機構（JETRO）NY事務所訪問
日本企業の海外進出を支援するJETROでは，鎌倉シャツや大戸屋などの企業のニューヨーク進出に関するケーススタディを伺ったり，日本市場とアメリカ市場とのマーケティングの違いなどについて学んだ。また，日本の国際社会におけるイメージがビジネスの場にも影響されることなど，政治と経済の繋がりについても知ることができた。

▼

会議1日目
会議前半は，先進国の大使が強い発言権を持つ一方で，肝心のラテンアメリカ・カリブ諸国の大使が発言ができず，会議自体が硬直化していた。しかし本校の生徒がそうした国々の代表として先進国側と交渉をし，話についていけない大使に1対1で丁寧に話を聞いたことにより，最後には非常に活発な会議となった。

▼

会議2日目
本校の生徒が中心となって作成したワーキング・ペーパー（WP）と先進国側の大使が中心となって作成したWPの2つが出揃ってはじまった会議では，ゲームなどのアクティビティが盛り込まれ，さらに全員が参加しやすい環境づくりがされていた。本校の生徒は，ラテンアメリカ・カリブ諸国側の利益を考慮しつつ，DRの作成に大きく貢献した。

▼

優秀賞(Honorable Mention)を手に、歴史に残るスピーチが数多くなされた議場前方を臨む。

　最後に，全日本高校模擬国連大会は現在運営資金の確保に苦労しているとのことだが，そのようななかで，本派遣事業の意義をあらためて痛感し，このような取り組みが永続的かつ多方面から支持されるように努力していく必要があると感じる。2018年度の派遣のさいにNHKの取材が入っていたことは生徒にとって少し負担だったようだが，放送された番組を通しての反響はとても大きく，模擬国連活動の認知度を上げたことは確かであろう。各方面からの支援を得るためにも，国連本部のあるニューヨークに行って模擬国連に参加できるこの企画をつづけていくことはとても大切だと考える。

50

第 II 部

実 践
practice

初心者会議の実践例

頌栄女子学院中学校・高等学校 　飯島 裕希

　頌栄女子学院中学校・高等学校では，部活動として模擬国連に取り組んでいる。ここでは，新入部員に会議を紹介するところから，会議にむけた準備，実際におこなった初心者会議の議事進行例までを紹介しようと思う。

活動のイメージを共有する

　模擬国連とは，各国の大使になりきって諸外国と交渉し，国際問題の解決策を提示する活動である。それは具体的にどのようなことだろうか，以下に示してみよう。

> ①参加者それぞれが異なる国を担当する。
> 　会議に向けて，参加者それぞれが割り当てられた担当国の外交方針や国益などを調べていく。一人ずつ担当国が異なり，代わりはいないため，申し込んだ会議に欠席することは重大なマナー違反となる。
> ②大使になりきる。
> 　会議においては，参加者の個人的な見解を述べるのではなく，担当する国の外交方針や国益に則って意見を述べてゆく。それゆえに，会議までに担当国のことを丁寧にリサーチする責任がある。
> ③他国と交渉する。
> 　ディベートとは異なり，相手を論破することは目指していない。おこなうのは「交渉」であり，双方の立場から合意できる解決策をつくりあげていくことを目指している。
> ④多国間の交渉である。
> 　ディベートのような賛成か反対かの二項対立でも，1対1の討論でもない。多国間交渉となるので，発言の順番待ちや割り込みもあり，論点が急に変わったり追加されたりすることもある。
> ⑤議論する題材は国際問題である。
> 　国際連合で実際に議論されている題材を扱うことが多い。核軍縮，地球温暖化，児童労働，安保理改革などが定番である。

実際の会議の様子を新聞記事や映像で紹介し，会議のイメージの共有を図ると良い。例えば，2015年12月2日付け毎日新聞「温暖化対策　全会一致目指し」という記事を生徒に読ませてみよう。この新聞記事は，第21回気候変動枠組条約締約国会議（COP21）がどのように進んだかを解説したもので，全体会合の裏側で少人数会合がおこなわれる様子や，交渉官の1日のスケジュールなどが紹介されている。また，全国高校教育模擬国連大会（AJEMUN）　➡ 用語解説 の実行委員らが作成した解説動画を視聴することもできる。第1回大会のものは「初心者のための模擬国連の説明動画」，第2回大会のものは「第2回全国高校教育模擬国連（AJEMUN）　初心者向け解説動画」というタイトルで，いずれもユーチューブで視聴することができる。ただし，視聴する前に，ルールを一度で覚えようとはせずに，どんな活動なのか全体の流れの把握に努めるよう注意を促したほうがよいだろう。模擬国連の本質はリサーチと交渉にあり，ルールは会議を体験しながら覚えればよいからだ。

　そして，この活動の魅力を生徒に伝える。活動をつうじて国際問題についての理解が深まること，大人数の前でのプレゼンテーションやグループ・ディスカッションの司会進行が上達すること，様々な利害を有する参加者が1つの解決策に向けて協力する経験ができること，そして何よりも，共に議論する同年代の学生と出会い，刺激を得られることである。模擬国連会議に参加した経験は，参加者それぞれが自分自身と向き合い成長するきっかけとなる。会議に向けた準備は決して楽ではないが，熱心に取り組んでこそ得られるものが増え，いっそう活動の面白さを実感できるだろう。

温暖化対策 全会一致目指し

COP21開催 196の国と地域 会合重ね妥協点探る

新しい地球温暖化対策を話し合う国連の会議「COP21」がパリで始まった。世界中の国がそれぞれ代表を送り込み、11日までに2020年以降の温室効果ガス削減の進め方などを決めようとしているが、多くの国が集まってどうやって意見をまとめるのだろうか。

▲「温暖化対策 全会一致を目指し」(毎日新聞, 2015年12月2日付)

会議に向けた準備

　会議の議題を決めて参加者1人1人に担当国を割り当て，それぞれが担当国の大使になりきって交渉の準備を進めていく。議題の難易度にもよるが，準備期間は1カ月，少なくとも2週間は必要である。準備せずに会議に参加しても中身のある議論はできない。準備が8割，当日が2割という意識で十分に準備をしてほしい。

　準備の手順は，①議題の理解，②担当国の国益や外交方針の理解，③政策立案，④会議行動のシミュレーションである。

　まず，議題の理解について。模擬国連会議では，参加者が準備を円滑に進められるように，また当日の議論の焦点を絞るために，議題概説書（BG⊙ 用語解説 ）が配布されることが多い。BGを丁寧に読み，会議の論点やこれまでの議論の経緯を把握することが第一歩である。本校のクラブ活動では，BGを用いた勉強会をおこなっている。BGで使われる基本的な語句を中学公民や高校現代社会の資料集の関連ページから学んだり，小グループに分かれて論点ごとに内容を紹介しあったり，下級生からの質問に上級生が答える質疑応答をおこなったりしている。質が高いBGの代表例は全日本高校模擬国連大会のものであり，グローバル・クラスルーム日本委員会のホームページから入手できる。

　次に，担当国の理解を深める。日本国の外務省が提供している「国・地域」の情報にアクセスし，担当国の政治体制，外交方針，民族などを把握するとよい。さらに，議題に関連する担当国のこれまでの政策を調査する。ただし，アメリカ合衆国や中国のようにマスメディアの報道量が多く調べやすい国がある一方で，情報をなかなか入手できない国も多い。例えばスペイン語を公用語とする国を担当した場合は，いくつかのキーワードをインターネット上の翻訳アプリを使ってスペイン語に訳したうえで検索エンジンにかけて，政府の文書や現地メディアの報道を探すといった地道な努力が必要である。

　また，これまでに担当国が国連総会などでどのような行動をしてきたかを調べることも有効だ。国際連合広報センター（http://www.unic.or.jp/）が「国連文書リサーチガイド」を公表しており，このリサーチガイドに沿って演説や過去の国連文書を探すことができる。これらのリサーチの主な目的は，担当国の国益を把握することであ

1　初心者会議の実践例　　55

る。模擬国連は担当国の大使になりきる活動であるから，担当国の政府や国民を常に想定し，国益を考える必要がある。国益を把握して，会議当日にほかの国々から出された提案を受け入れられるかを判断することとなる。

　続いて，政策立案をおこなう。具体的には，各論点についてトップラインとボトムラインを設定することと，課題解決のための独自の提案を考えることが求められる。医薬品の特許権をめぐる交渉を例にとりあげる。国内に製薬企業が多く，医薬品の特許権を強化することが国益にかなう国を担当したとしよう。その場合，「現行よりも特許権保護期間を長くする」といった内容は最良の交渉結果，すなわちトップラインとなる。それに対し，「特許権を現状のままとする」といった内容は，譲歩できる最低限のボトムラインとなる。もし，「貧困層の人命を優先し，医薬品には特許権を認めない」といった内容が提案された場合，ボトムラインを下回るので大使として拒否しなければならない。会議当日は，複数の国のトップラインとボトムラインの間で合意できる政策が模索されていくこととなる。

　また，課題解決のための独自の提案も準備したい。たとえば，「医薬品のデータにブロックチェーンの技術を適用することで偽造医薬品の製造を防ぎつつ，医薬品の特許期間の安易な延長を認めない」といった政策が考えられる。この政策は，内容面で新規性があるうえに，偽造医薬品対策という点では先進国の国益を守り，特許期間の延長防止という点では発展途上国の国益にかなうものとなっており，多くの国から賛同を得られる可能性が高い。このような独自の政策を考えだすためには，既存の政策を徹底的に調べることが求められる。

　さらに会議行動のシミュレーションをおこなう。担当国が所属する地域機構，経済的な結びつきが強い国，敵対関係や同盟関係にある国などを調査し，当日の会議のながれや形成されるグループを予想する。多数の国が参加する会議なので，国益が近い国とグループを形成し，協力して解決策をつくり，それに対する支持を広げていくことが欠かせない。序盤に交渉を持ちかける国を決めたり，最後まで対立しそうな国の目星をつけたりしておくとよい。

初 心者会議「国連ショップ」

　本校が取り組んだ,「国連ショップ」をテーマとした模擬国連会議を紹介しよう。この会議は国連ショップで新たに展開するグッズを各国大使が国連総会の場で決めるという架空の会議である。実際に販売されているグッズのカタログは国連ショップのホームページ(https://shop.un.org/)から見ることができる。「国連ショップ」の模擬国連会議で決めることは,①どのような国際問題を訴えかけるグッズにするか,②ピンバッジ,マグカップ,文具,アクセサリーなどといったグッズの形態,③そのグッズに添えるメッセージである。この事例では,販売開始時期や販売期間に差をつけることで交渉に戦略性を持たせ,妥協点などを探れるようにしたが,「新商品を3つ開発しよう」といったシンプルな設定にすることもできる。なお,BGは用いていない。

　この会議を通じて,各国の問題解決に向けた取り組みや国際的な問題の全体像について学ぶことができる。また,自国が重視する問題について国連として取り組むべきだと他国を説得する力,国連本部を訪れた観光客を想定して国際問題への関心を喚起する表現力などが育まれるだろう。

　各大使の事前準備は,人権問題,環境問題,軍縮・安全保障などについて自国の置かれた状況を調査することである。調査の一助として,会議の主催者からポジション・アンド・ポリシー・ペーパー(PPP ➡ 用語解説)を配布する。PPPに記入することを通じて,前述したトップラインとボトムラインを考え,政策を立案してゆく。

模擬国連練習会議 【 国連ショップ 】

【 議題紹介 】

国連ショップ（United Nations Gift Centre）では、様々な国際問題への解決を呼びかけるグッズが販売されている。写真のように、"WOMEN'S RIGHTS ARE HUMAN RIGHTS"と女性の権利向上を訴えるマグカップや、人身売買の被害者への連帯を訴えるBLUE HEART CAMPAIGNのピンバッジなどがある。

今会議の議題は、「国連ショップで販売するグッズの開発」である。国連総会において、どのようなグッズを販売することで、どのような国際問題の解決を呼びかけていくかを議論していただくという架空の会議である。

人権保障、軍縮、環境保護、脱貧困など世界には様々な問題がある。さらに、人権保障では女性の権利やジャーナリストの権利について議論されたり、環境保護では地球温暖化防止や生物多様性の保全について議論されるなど、より具体的な議論もなされている。今会議では、国ごとに取り組みたい問題の優先順位が異なる状況を乗り越え、国連として解決への一歩を踏み出してほしい。

（筆者撮影）

【 会議設定 】

議　場　：　第73会期国連総会（UN General Assembly）
議　題　：　「国連ショップで販売するグッズの開発」
使用言語：　公式討議（スピーチ）・日　／　非公式討議・日　／　決議案（DR）・日
議事進行：　モーション等の議事進行ルールは全日本高校模擬国連大会に準ずる

【 論　点 】

（1）来月から1年間販売するポストカード（1枚）
　　　　決めること　①扱う国際問題（緊急性の高いもの）、②掲載する写真、③添える言葉
（2）人権状況の改善を促すポストカード（1枚、販売期間はその問題が解決されるまで）
　　　　決めること　①扱う国際問題、②掲載する写真、③添える言葉
（3）次の国連総会開始時（翌9月第3火曜日）から1年間販売するグッズ（1つ）
　　　　決めること　①扱う国際問題、②どのようなグッズとするか
（4）2020年1月から10年間販売するグッズ（1つ）
　　　　決めること　①扱う国際問題、②どのようなグッズとするか

［補足］
・決議案の前文では、扱う国際問題の重要性やこれまでの国連の取組みを想起してほしい。
・1つのグッズで複数の国際問題を扱ってはならない（例：カレンダーで月ごとに問題を変える）
・コンセンサスで採択されるならば、（1）～（4）に加えて1つグッズを作成してよい。

▲「国連ショップ」会議設定

UN Shop　ポジションペーパー

担当国「 キリバス 」　ヒント：国内問題に見えても、国際的に取り組むべきと説得する論理を考えよう

①A　担当国が直面している問題を列挙しよう （例：貧困、乳幼児死亡率の高さ、温暖化による水没の危機など） ・温暖化による水没の危機 ・貧困 ・人口集中（首都のあるタラワ） ・男女差別）　・教育 ・衛生問題	①　左記のうち、 　　　緊急性が高いもの ・温暖化による水没の危機
②A　担当国が率先して取り組んでいる人権問題 国民の水と衛生の確保に向けて取りくむ。 「十分な生活水準への権利」を求め、取りくんでいる。 └世界人権宣言（CRCおよびCEDAW）	②B　担当国内で生じている人権問題 男女差別 ・15～49歳の結婚女性の68%が虐待を受けている ・女性は男性に経済的に依存している （女性は働くことが推奨されていないから） ・人身売買さん
③A　担当国が解決を求めている環境問題 ・温暖化（水没）　パリ協定 　○キリバスの水没 　○世界中で水資源の枯渇	③B　担当国内で生じ、他国に悪影響を与えている環境問題 ゴミ処理の問題 ・道路上にゴミが散乱→衛生面で悪影響 ・リサイクルなどの省庁がない ・サンゴの白化 　　　観光に悪影響。
④A　担当国が懸念している安全保障上の問題 （アジア太平洋地域問題）	④B　担当国自身の軍縮に向けた取り組み 憲法で常備軍保有を禁じている （国防についてはオーストラリアとニュージーランドが 保障している）

⑤　上記の②～④以外で担当国が解決を目指している国際問題
・貧困問題（人口集中、教育、男女差別、衛生問題）
・GDPは世界191位、最貧国の一つ（2017）

⑥　ポストカードやグッズで取り上げたい国際問題の優先順位と、それをモチーフとしたグッズのアイディア

(1)温暖化	(2)貧困	(3)男女差別　SDGs ターゲット10

▲PPPの記入例

1　初心者会議の実践例　　59

以下，国連ショップの議事進行例を紹介しよう。初心者会議ということで，議長のセリフに議事進行ルールの解説を織り込んである。議長のセリフを順に読むことで議事進行ルールを理解できるよう配慮したつもりだ。ぜひ，このセリフを使って実際に会議をおこない，体験していただきたい。なお，時間やスポンサー数は参加人数によって調整してほしい。

① 挨拶，会議細則の確認

議長 本日は，模擬国連会議にご参加くださり，ありがとうございます。積極的に議論に参加し，学びの多い1日としてください。

　今回の会議細則を確認します。会議開始は9時，昼食は12時頃，決議案の提出期限は15時といたします。決議案に必要なスポンサー数は5カ国，アンモデレーテッド・コーカス（非着席討議，通称アンモデ **→ 用語解説** ）の最長時間は30分間で，大使の希望により10分間の延長を認めます。モデレーテッド・コーカス（着席討議，通称モデ **→ 用語解説** ）の最長時間は20分間で，延長は議長裁量によるもののみとします。会議中の使用言語はすべて日本語とします。議事進行ルールについて，会議中に補足説明をいたします。

② 開会宣言・出欠確認・議題採択・発言国登録

議長 これから，第73会期（※1）の国連総会をはじめます。[木槌2回]

　まず，出欠を確認します。自国の名前が呼ばれたら，プラカードを挙げて，"Yes"，または"Yes, present"と返事をしてください。（アルファベット順に国を読み上げる。）

※1　国連総会の会期は9月の第3火曜日から1年間であり，2018年9月18日（火）からの1年間は第73会期である。実質的な審議は12月末までに終了することが多く，そのあとは休会となる。

議長 18カ国の出席を確認しました。したがって，過半数は10カ国，3分の2以上の多数は12カ国です。

　今回の議題は国連ショップの新商品開発です。異議のある大使はいらっしゃいますか？（議場を見渡す。）

　反対がないようなので，議題が採択されました。[木槌2回]

60　**第Ⅱ部 ● 実践** practice

議長 それでは、スピーチを希望する国を募集します。希望する国はプラカードを挙げてください。名前を呼ばれた国はプラカードを降ろしてください。

(議長がランダムに指名してゆき、秘書官が記録をとってスピーカーズ・リストを作成、スクリーンなどに表示する。)

スピーカーズ・リスト	
1	スウェーデン
2	中華人民共和国
3	(以下、省略)

▲スピーカーズ・リストの例

▲スピーカーズ・リスト開放の様子

3 公式討議(スピーチ)・動議の募集・非公式討議

議長 これより、公式討議をはじめます。大使のスピーチを公式討議といいます。スピーチは2分以内とします。2カ国のスピーチが終わるごとに動議(Motion)を募集します。最初の発言国はスウェーデンで、次は中華人民共和国です。スウェーデン大使、プラカードを持って演台へどうぞ。時間節約のため、次の発言国は演台の脇に立って待機してください。また、スピーチを真摯に聞くためにスピーチ中やスピーチ間のメモ回しは控えてください。

スウェーデン大使 議長、親愛なる大使の皆さま、こんにちは。スウェーデンが皆さまと解決していきたい問題は3つあります。1つ目は移民・難民問題です。スウェーデンは寛容な福祉国家であり、移民・難民を多数受け入れてきました。しかし、近年の移民・難民の増加に伴い、財政的な負担が増しています。移民・難民問題は受け入れ国だけでなく、送り出し国や経由国も含めて、世界規模で取り組まなければ解決できません。すべての国の問題として向き合いましょう。2つ目は、女性の人権についてです……以上でスピーチを終わります。議長に時間をお返しします。

議長 ありがとうございました。次は中華人民共和国で、その次はアメリカ合衆国

1 初心者会議の実践例　61

です。中国大使，どうぞ。

(中国大使) 議長，ありがとうございます。中華人民共和国としては……。

(2カ国のスピーチが終了。)

▲スピーチの様子

(議長) これより動議を募集します。今回は初心者会議なので動議の種類や使い方を説明します。動議には，①文書の提出や撤回，②アンモデレーテッド・コーカス，③モデレーテッド・コーカス，④会議や討議の終了という4種類があります。

　　今日の会議の目標は，国連ショップの商品開発について議論を重ね，決議案(DR)という文書を採択することです。皆さまが作成したDRを公式に議場内で配布することを求める動議が文書提出の動議です。

　　次に，アンモデレーテッド・コーカスとモデレーテッド・コーカスについて説明します。それぞれ「アンモデ」「モデ」と略します。アンモデは，各大使が議場内を自由に立ち歩いて交渉をおこなうものです。考えが近い大使を探してグループを形成し，DRを作成するために使います。アンモデの動議を提案する際は，総時間のみ指定します。それに対しモデは，各大使が自席に座ったまま交渉をおこなうものです。モデを提案する際は，総時間だけでなく，議論の目的と各国の発言時間を指定します。すべての大使に意見を聞いてもらうことができるので，特定の論点について議論を深めたり，議場内の意見を整理したりするために使います。アンモデとモデは非公式討議といわれます。公式討議と非公式討

議を繰り返しながら，DRをつくっていきます。

　それでは，動議を募集します。動議のある大使はいらっしゃいますか？

（動議を提案する大使は「モーション！」といいながらプラカードを挙げる。）

議長 コロンビア大使，動議は何ですか？

コロンビア大使 私たちは，15分間のモデを提案します。目的は，各国が優先した
い国際問題を表明することと，交渉の進め方について意見交換することです。
発言時間は，アルファベット順にすべての国が30秒ずつとします。

議長 ほかに動議はありませんか？

（異なる動議を提案したい大使は「モーション！」といいながらプラカードを挙げる。）

議長 キリバス大使，動議は何ですか？

キリバス大使 私たちは30分間のアンモデを提案します。

議長 ほかに動議はありませんか？（議場を見渡して，プラカードが挙がっていないことを確認する。）

議長 動議を処理する順番は，①文書の提出や撤回，②アンモデ，③モデ，④
会議や討議の終了となります。今回の場合，まずキリバス大使の30分間のアン
モデの動議について投票し，続いてコロンビア大使のモデの動議について投票
をおこないます。どちらも否決された場合は，スピーチに戻ります。なお，動議
に対する投票は手続事項になりますので，棄権は認められません。それぞれの
動議に対して，全員，賛成か反対のどちらかにプラカードを挙げてください。

　それでは，30分間のアンモデに賛成の大使はプラカードを挙げてください。（賛
成を数える。）

　反対の大使はプラカードを挙げてください。（反対を数える。）

　賛成6，反対12のため，この動議は否決されました。（賛成・反対の合計が参加
国数と合わない場合は，採決をやり直す。）

　次に，15分間のモデに賛成の大使はプラカードを挙げてください。

（賛成を数える。）

　反対の大使はプラカードを挙げてください。（反対を数える。）

　賛成15，反対3のため，この動議は採択されました。これより15分間のモ
デに移ります。提案したコロンビア大使，最初の発言を希望しますか？（※2）

1　初心者会議の実践例　　63

※2　モデの間など自席を離れられないときは、メモを回すことで個別にメッセージを送ることができる。メモには発信国と送り先を明記する。

▲メモをアドミニに渡す様子

▲メモの例

(コロンビア大使) はい、お願いします。世界には様々な問題があり、各国がどの問題を優先して考えているかを把握しなければ交渉が混乱します。アフガニスタン大使からアルファベット順に30秒ずつ発言してほしいのですが、いかがでしょうか。

(議長) ほかに、発言を希望する大使はいらっしゃいますか？ いないようですので、コロンビア大使の提案に則り、アフガニスタン大使から順に発言してください。

(アフガニスタン大使) アフガニスタンとしては、国内の治安の改善と貧困対策を優先しています。……(すべての国の発言が終了。)

(議長) モデの残り時間が5分あります。次は、交渉の進め方について意見を募ります。発言を希望する国はプラカードを挙げてください。(議場を見渡して)チャド大使、どうぞ。

(チャド大使) 私たちは、人権問題を話し合うグループと、それ以外を話し合うグループに分かれることを提案します。

(議長) ほかに発言を希望する国はありますか。コロンビア大使、どうぞ。

(コロンビア大使) 先進国と発展途上国に分かれて議論をはじめるのがスムーズだと考えます。

(議長) 次の発言を最後とします。発言を希望する国はありますか。ドイツ大使。

(ドイツ大使) 私たちは、緊急性の高い問題を重視するグループと、長期的な課題を重視するグループに分かれることを提案します。

議長 15分が経過したので，モデを終了します。交渉の進め方について合意には至りませんでしたが，グルーピングの案が3つ提案されました。これらを念頭に置いて今後の会議行動を考えてください。

議長 スピーチに戻ります。次の発言国はアメリカ合衆国で，次はキリバスです。アメリカ合衆国大使，プラカードを持って演台へどうぞ。

（2カ国のスピーチが終了。）

議長 動議を募集します。動議のある大使はいらっしゃいますか？中国大使。

中国大使 私たちは30分間のアンモデを提案します。

議長 ほかに動議はありませんか？（議場を見渡して，プラカードが挙がっていないことを確認する。）

議長 それでは，中国大使の動議に賛成の大使はプラカードを挙げてください。（議場を見渡して）明らかに賛成多数でしたので，この動議は採択されました。大使の皆さん，30分後に着席してください。［木槌1回］

（各大使は，自由に立ち上がって交渉し，グループを形成していく。）

▲アンモデの様子

議長 アンモデ終了5分前となりました。10分間の延長をすることができますが，延長を希望する大使はいらっしゃいますか？

（挙手があった場合）

議長 延長に反対される大使はいらっしゃいますか？反対がないようなので，10分間延長します。（1カ国でも反対があれば延長されない。）

（アンモデ終了）

議長 ［木槌2回］終了の時刻となりました。大使の皆さま，速やかに着席してください。スピーチに戻ります。次の発言国はサウジアラビア大使です。

1 初心者会議の実践例

（サウジアラビア大使）議長ありがとうございます。私たちは現在，イラク大使を中心
　　　　とするグループに所属し，テロ対策を呼びかけるグッズについて話し合っていま
　　　　す。……国家の利益だけでなく，実際に購入するお客さまにも満足していただ
　　　　けるようなグッズを目指しています。コンセンサス（全会一致）で国連としてのメッ
　　　　セージを強く発信できるよう，積極的に交渉を続けましょう。

4　決議案（DR）の提出

（DR提出締切の 1 時間前を目安に）

（議長）大使の皆さま，DR提出期限まであと60分となりました。注意事項をお伝えし
　　　　ます。時間厳守でお願いします。また，DRのスポンサーになった場合，投票の
　　　　際にそのDRには賛成しなくてはなりません。スポンサーになるということはその
　　　　DRの内容に賛成し，すべての文言に責任を持つということを意味します。スポ
　　　　ンサーになるかどうかは慎重に判断してください。

（DR提出締切直前）

（議長）DR提出 5 分前です。時間厳守でお願いします。

（提出国となる大使は，USBによる提出など，あらかじめ指定された方法でDRをフロントに提出する。）

（議長）DRの受付を終了しました。ディレク・チェック ➡ 用語解説 と印刷をおこなうの
　　　　で，しばらくお待ちください。議長裁量により，印刷が終わるまでアンモデの
　　　　時間とします。

（DRの印刷が終了）

（議長）［木槌 2 回］大使の皆さま，DRの配布の準備ができましたので，速やかに着席
　　　　してください。（全大使が着席したら）文書提出の動議を提案してください。

（「モーション！」のプラカードが挙がる。）

（議長）イラク大使，動議は何ですか？

（イラク大使）DRを議場に提出します。

（議長）ほかに動議はありませんか？（議場を見渡して，）これより，イラク大使が提出した
　　　　DRを配布します。このDRのスポンサーは，ボツワナ，チャド，中国，コロンビ
　　　　ア，……です。文書番号はMA/C.3/73/ DR.1となります（※ 3）。提出したイ

66　第Ⅱ部 ● 実践 practice

ラク大使,説明を希望しますか？

※3 発音は「エムエー,スラッシュ,シー,ドット,スリー,スラッシュ,セブンティスリー,スラッシュ,ディーアール,ドット,ワン」であり,その意味は「模擬国連総会／第3委員会／第73会期／決議案1」である。

(イラク大使) はい,希望します。

(議長) それではイラク大使,演台へどうぞ。説明時間は1分間です。

(イラク大使) 議長ありがとうございます。私たちは,コロンビア大使などと協力してDRを提出することができました。様々な意見の相違を乗り越えるアイディアを出せたことを嬉しく思っています。主文3で扱った貧困問題を啓発する財布について説明を加えます。キャッチフレーズは「May Everyone Use This Wallet」とし,誰もがこの財布を購入できるようになり,かつ財布にお金を貯めていけるようにというメッセージを込めました。できる限り多くの国にご賛同いただきたいです。

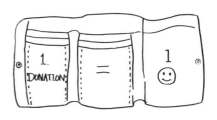

▲主文3のイメージ図

1 初心者会議の実践例　67

Model United Nations in SHOEI　　　　　　　　　　　MA/C.3/73/ DR.1

「模擬国連総会／第3委員会／73会期／決議案1」という意味。

Model General Assembly

Distr.: General

17 December 2018

Seventy-three session　　国連総会第73会期
Third Committee　　　　　第3委員会
Agenda item : Development of New UN Gifts「国連ショップの新商品開発」

Sponsors : Botswana, Chad, China, Colombia, France, Iraq, Philippines, and Saudi Arabia

アルファベット順に記入。決議案を提出した国に下線を引く。

国連総会は、

　テロ行為・内戦・紛争・その他の戦いによって各国の政府が国民の安全を確保できておらず、多くの人命が失われていることを深く憂慮し、

　全ての難民・移民・国内避難民の人権確保の重要性を強調し、

　貧困問題はすべての国の問題であることを認識し、

前文。議題に関する認識を表明したり、過去の決議案を想起したりする。

以下のように合意する。

主文。この決議案で提案する事項が1, 2…と列挙されている。

1. 来月から販売するポストカードではテロ行為・内戦・紛争の撲滅を取り扱う：
    a) 国連本部前の「不発の銃」の写真を掲載する；
    b) Stop the Fighting と書く；

2. 人権問題に関するポストカードでは難民・移民・国内避難民問題を取り扱う：
    a) 地球に差し伸べている多数の手の写真を掲載する；
    b) Human Rights for those Displaced from their Homes と書く；

3. 来年9月から販売するグッズでは貧困の撲滅を取り扱う：
    a) 貧困の撲滅をテーマとした財布；
    b) 外側に May Everyone Use This Wallet と書き、内側に 1 Donation, 1 Smile と書く；
    c) 収益金は国連児童基金（UNICEF）などの貧困撲滅に取り組む国連機関に寄付する。

▲DRの例

5　投票行動・会議の終了

（議長）　スピーチに戻ります。次の発言国はフランスです。フランス大使，どうぞ。

（フランス大使）　議長，ありがとうございます。……（すべての国の発言が終了。）

（議長）　すべての国のスピーチが終わりました。（もし，スピーカーズ・リストに多くの国が残っている場合は，「討議の終了」の動議を提案するよう議長から促す。）

　　これより投票行動に移ります。投票中は議場を封鎖するため出入りはできません。もし投票に参加したくない場合は議場から退出することができますが，一度退出したら再入場はできません。また，以後メモは使用できません。

（議場を見渡して，退出やメモ回しがないことを確認する。）

（議長）　投票をおこなう前に，投票方法について説明します。投票方法は大使からの動議によって決まります。投票方法には3種類あり，①ロールコール投票（点呼投票），②コンセンサス投票，③無記録投票という3つです。①ロールコール投票は，アルファベット順に1カ国ずつYes（賛成），No（反対），Abstention（棄権）を表明していく方法です。この際，スポンサー国はYesといわねばなりません。また，簡略化するためにPassは禁止します。②コンセンサス投票は，議長から「このDRに反対の大使はいらっしゃいますか？」と全体に尋ねる方法です。1カ国でも反対があれば，自動的にロールコール投票に移ります。③無記録投票は，議長から「このDRに賛成（反対）の国はプラカードを挙げてください」と尋ね，賛成の国の数と反対の国の数だけを記録する方法です。ロールコール投票とは異なり，各国の賛否は記録に残りません。なお，3つの投票方法のうち優先順位が最も高いのがロールコール投票なので，ロールコール投票を求める動議が提案された場合は，すぐにロールコール投票に移ります。

　　それでは，DR.1の投票をおこないます。DR.1の投票方法について，提案のある大使はいらっしゃいますか？イラク大使，どうぞ。

（イラク大使）　私たちはロールコール投票を希望します。

（議長）　ロールコール投票が提案されました。1カ国ずつDR.1への賛否を聞いていくので，Yes，No，Abstentionのどれかで答えてください。アフガニスタン。

（アフガニスタン大使）　No.

1　初心者会議の実践例　　69

議長 ボツワナ。

ボツワナ大使 Yes.……(すべての国を呼ぶ。秘書官は投票結果を集計する。)

議長 投票の結果，賛成 8，反対 5，棄権 5 だったので，DR. 1 は採択されました。文書番号は MA/C. 3/73/Resolution 1 となります。[木槌 2 回]

(議場に DR が複数提出されている場合は，これを繰り返す。)

議長 すべての DR の投票が終わりました。ここで「会議の終了」の動議を提案してください。中国大使，動議は何ですか。

中国大使 会議の終了を提案します。

議長 中国大使より会議の終了を求める動議が提案されました。異議のある大使はいらっしゃいますか？(議場を見渡して，プラカードが挙がっていないことを確認する。)

議長 以上で会議を終了いたします。ありがとうございました。[木槌 2 回]

レビュー，そして次の会議へ

　模擬国連会議は，終了後に学びを振り返ることが肝心である。事前準備を通じて学んだことや会議を通じて学んだことを言語化し，国際理解や自己理解を深めるのである。

　担当国の大使として議題について調べるにつれて，日本の中高生の視点とは異なる問題の捉え方に気づくだろう。アジアの島国で，経済規模が大きく，社会保障制度が充実しており，平均寿命が長い。そんな日本に暮らす中高生が，全く国情の異なる国の立場から問題を捉え政策を考えることに挑戦したのである。どのように認識が深まったのか自覚すること，また気づきを参加者とわかちあうことは教育的価値が高い。

　会議当日の行動を振り返ることからも，多くの気づきがあるだろう。大人数のなかで緊張せずに発言することができた，準備したことが相手に伝わらなかった，リーダーとしてグループをまとめようとしたが意見を十分に聞けなかったなど，生身の人間として交渉することで，自分の強みや弱みが浮き彫りとなり自己理解が進むだろう。自分自身の未熟さに直面させられることもしばしばである。自己理解を言語化し，結果を受容することが成長の糧となるはずだ。

70　第Ⅱ部 ● 実践 practice

会議を振り返る方法としては，レビューシートを準備して自分自身の気づきを記入すること，共に行動した大使どうしでふりかえること（ピアレビュー），議長や会議監督からアドバイスをおこなうことなどが考えられる。様々な方法で，また終了直後だけでなく後日時間をとって，多角的に会議経験を振り返ることが望ましい。そして，1回きりの参加で終わりにせず，今回の気づきをいかして次の会議に参加するように促そう。次の会議に参加して成長を感じることは生徒の自信に繋がっていく。

・次のステップとして，グローバル・クラスルーム日本委員会が紹介している初心者向けの架空議題である「国連弁当」や「国連公用語」に取り組むのもよいだろう（「模擬国連会議導入・実践の手引き」24，25ページ）。また，これまでに全日本高校模擬国連大会で使用されたBGを参考にして，実際に国連で議論されている議題に取り組むのもよい。ゆくゆくは，国際情勢を調べ，自分たちでBGを書くことに取り組めば，国際理解がより深まるとともに参加生徒の一層の成長につながるだろう。

　また，英語の資料にはなるが，国連本部が推奨している模擬国連活動もある。詳細なルールや学習の手引きは国連のホームページ（https://outreach.un.org/mun/）から入手することができる。日本の多くの高校が採用している議事進行ルールとはやや異なるので，さらに活動の幅を広げたくなったときに参照してほしい。

　模擬国連活動に取り組むことは決して楽ではないが，情熱を傾ける価値がある。本校の模擬国連部員も，学業や学校行事に取り組みつつ，時間を捻出して会議の準備に取り組んでいる。彼女たちが全力で取り組む姿勢に指導する私が励まされ，成長を目の当たりにする喜びをかみしめている。この原稿を書きあげることができたのも，模擬国連部員のおかげである。彼女たちに感謝し，筆をおきたい。模擬国連活動に取り組む学校が増え，会議の輪が広がっていくことを切に願っている。

1　初心者会議の実践例　　71

2 模擬国連のスキルとノウハウ

大妻中学高等学校　かえつ有明中・高等学校　関 孝平

模擬国連の全容

「毎日泣かされてもいいから私を強くしてください。」

ある日,「かえつ有明のエース」と学内外で知られているAさんが私のところに来て,こういった。

彼女はかえつ有明中・高等学校の模擬国連をけん引してきた最大の功労者で,彼女の存在なしにかえつ有明の模擬国連は語れない,誰もがそう認める存在である。中学3年生で渋谷教育学園幕張中学高等学校の会議に参加したのをきっかけに模擬国連に取り組み,渋谷幕張の先輩に憧れて努力を重ね,高校2年生になるころには,大使としての実力も強豪校の生徒に引けを取らないレベルにまで成長した。かえつ有明主催の会議では議長を務め,また全国高校教育模擬国連（AJEMUN）⊖用語解説の第1回大会実行委員リーダーを務めるなど,彼女は輝かしい活躍をみせていた。一方,その陰では苦しい思いも悔しい思いも経験し,泣いて会議から帰る姿も私は目にしていたのだ。まさに産みの喜びも苦しみも共にしながら,私と一緒に模擬国連をつくりあげてくれた生徒である。

彼女が高校2年生になった7月,彼女の口から冒頭の一言が出た。蒸し暑い部屋のなかで,一瞬時間が止まったような静寂があり,それと共に何かがすーっと自分の心に入ってきたような感じがした。彼女が追っている渋谷幕張の背中はもはや憧れではなく,目標,そしてライバルに変わっていったのだと改めて認識した瞬間だ。

そこから,彼女を中心とした高校2年生の生徒たちと「本気の模擬国連」が始まった。毎回私から厳しい課題が与えられ,会議が終わると厳しいフィードバックを山ほどいわれるのである。何時間も事後反省会をしたことも記憶に新しい。残念ながら,彼女のペアは全日本大会の予選課題で落選し,悔し涙を飲んだ。あわよくばニューヨーク大会まで視野に入れられるペアだったため,そのショックたるや言葉で表すことのできないものであった。しかし,最後まで模擬国連にしっかり取り組もうとあらた

めて全員で話し合い，3月の渋谷幕張の定例会議まで力を抜かずに活動を続けていった。彼女は奇しくも模擬国連を始めるきっかけとなった渋谷幕張の会議で，最後には優秀賞をいただき，有終の美を飾ることができたのである。

　ここでは「模擬国連のスキルとノウハウ」というテーマのもと，私が具体的な指導実践例を「指導語録」というかたちでまとめ，皆さんに紹介させていただく。ここで共有することは戦術ではなく，あくまでも考え方，アプローチであり，その目的は，行動の意識化，そしてその意識の可視化である。模擬国連にしか通用しないテクニックを指導してきたつもりはなく，それらを突き詰め，探求することに意味があると考えている。会議行動にはいろいろな考え方やスタイルがあるが，ここで述べることは今後の課題探求力やコミュニケーションスキル養成，異文化理解に繋がることが多くあると感じており，ぜひ参考にしていただければ幸いだ。

　なお，私は実践女子学園中学高等学校，かえつ有明中・高等学校，大妻中学高等学校と3つの学校で模擬国連に接してきた。実践女子では，中心的な指導にはかかわっていなかったが，グローバル教育部長という立場から私も生徒の活動を応援し，4年連続ニューヨーク大会派遣という快挙を目の前で目撃した一人である。2015年度にかえつ有明に移り本格的に模擬国連の指導や運営にかかわることになったのだが，かえつ有明は過去に全日本大会に書類通過した経歴はあったものの，赴任当時，模擬国連の活動はゼロに近い状態だった。最初は何もわからない状態で，手探りと試行錯誤の繰り返しだったが，学校側の多くの助力もあって大きな定例会議を開くまで成長することができた。一方，私自身も「模擬国連ガイドブック」を作成したり，AJEMUNの役員を務めて全国大会の運営に携わったりと活動の幅を広げてきた。

　そして2018年，私は現在の勤務校である大妻中学高等学校に籍を移したのだが，大妻は全くの模擬国連未経験校で，今またゼロから活動を立ち上げているところである。模擬国連を立ち上げ，指導するということは前の2校でかかわってきた私にとっても本当に苦労することであり，その大変さをあらためて感じている次第だ。

政策立案と課題解決の思考を育てる

　私は，政策立案に際して論点ごとに「短期」「中期」「長期」という 3 つの時間軸で課題分析をおこなうように指導している。これにより漠然としたものではなく，システマティックかつ分析的に政策立案をおこなうことができる。基本フレームワークを 1 つの方策として，初心者には政策確認シートを使って考えさせることもよいだろう。

▲政策確認シートの例

論点の整理

論点	自国の立場	同じ立場にある主な国
1 ○○の保有量の削減	△	韓国, ドイツ
2 ○○の使用禁止	×	日本, オーストラリア
3 ……		

政策立案におけるポイント

① 自国が特に強調する論点はどれか
② トップラインとボトムラインはどこか
　　→幅のあるゾーンとしてとらえ, 段階的な設定をする
③ 地理的, 環境的, 政策的, 利害的に近い国, 遠い国はどこか
④ どのような決議案（DR ◯用語解説 ）グループの形成を目指すのか
⑤ 利害や政策が合わない国に対してどのように対応し, 交渉するのか

時間軸をもとに政策を立てる

① 短期的政策（即時対応）
② 中期的政策（社会, 制度, 環境の整備）
③ 長期的政策（意識, マインドの変容）

DR作成のファーストステップ

① まずは自分たちのDRの主文を書き出してみる
- 日本語, 箇条書きでいい。
- 主文にどの動詞を使うのかは（　）に英語で書いておく。
- まずはどんどん書いてみて, アイデアを出してみる。
- 自分たちのトップラインをしっかりと表記する。

② 受け入れられない主文を書き出す
- 自分たちに不都合な提案を整理, 意識する。

▲政策立案の基本フレームワーク

模擬国連の決議案と解決作の時間軸

　特に強調したいのが「短期，中期，長期の3つの時間軸」である。どんな課題解決においても，各論点とこの3つのタイムラインをセットにして考えることが有効だと考える。論点別に時間軸とクロスさせて「今すぐやるべきことは何か」「中期的に取り組むこと（社会制度として取り組むこと）は何か」，そして「意識とマインドを変えるために長期的視野に立ってやるべきことは何か」と分析していくのだ。これにより，解決策の時間軸もはっきりし，政策の質や一貫性，具体性も高まってくる。

　模擬国連のDRの主眼は国際ルールづくり，つまり社会制度や法的整備にあるため，たしかに中期政策は上手にまとめられていることが多い。しかし，持続可能な開発目標（SDGs）に集約されるような持続可能な解決策を考えるとき，人の意識やマインドにアプローチするという点で長期的政策は必須である。どのように長期政策を盛り込んで持続可能な政策を提示するのかということも合わせて考えていくように指導すると効果的だろう。

　さらに私の指導では，SDGsに合わせて「2030年を中期政策の完了」という時間軸を設定している。短期は通常であれば2～3年，テロの対応など緊急を要するものはもっと短いタイムラインで考えることもある。長期はもちろん，2030年以降まで持続可能な社会をつくるための政策だ。つまり「短期的には即時対応できる問題に取りかかり，2030年までに構造改革を達成し，それ以降も持続できるような意識付けやマインド形成をおこなう」というのがタイムラインのイメージである。これを1つ設定しておくと，政策立案がより深く考えられる。

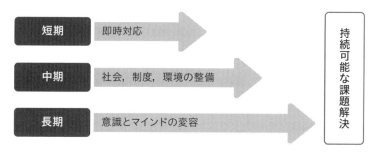

論点整理や政策立案のためにおこなうトレーニング

　過去のDRのサマリーがある場合，それを読んで「それぞれの決議案がどのような グループによって提出されたのかを根拠をもって示せ」という議論をさせることがある。

決議1 頭脳循環促進のために先進国に期限付きのビザの発行を求めることなどが含まれました。また，移民の権利保護に関する国際条約の未批准国に，条約に批准していない理由を説明させる機会を設ける文言が特徴的でした。

決議2 前文で移住する自由を強調した上で，適正な労働条件を守る企業へ移民を紹介する基金の設立などが含まれています。また，社会保障に関する条約に低技能移民の技術訓練の条項を追加するよう要請する内容も見られました。

決議3 条文の数が多く内容の重複も見られたものの，非正規移民の発生原因の1つである紛争の平和的解決を求める文言など，多様な内容が含まれました。移民の社会統合についても，国際機関と協力していくことが述べられました。

▲2015年　第9回全日本大会の決議要旨（報告書15ページより抜粋）

　例えば，移民を議題にした第9回全日本大会の報告書にある決議要旨を見てみよう。この要旨ではどの国が出したものか明記されていないが，たった3行の要約文でも，しっかり論点を把握して読み解けばスポンサーグループのイメージが浮かんでくる。例えば，言葉1つを取っても，「管理」という言葉は，国境警備も含めて受け入れで負担を強いられている国の論調である。一方で，同じ事象でも送り出し側の立場に立てば「保護」という言葉が使われる。このようなことを理解させ，DRをどう読み，政策をどう立てるのか考えさせる。

　このトレーニングでもう一つカギとなるのが，DRのなかに隠れている「行動責任の主体」を見つけることだ。つまり，これらのDRによって「誰が」責任を負い，「誰が」どう解決行動をとらなくてはいけないのかを発見することである。それをふまえ，「このDRだと，どの国がどう行動しないといけないのか」というDRに隠された主語，動詞を掘り起こしていく。そして，それらがわかって初めて各DRに自国の立場から賛成できるか，その理由と残されている交渉の余地は何かということを議論し，自国の政策を精査することができる。

2　模擬国連のスキルとノウハウ　77

シミュレーション力を育てる

会議全体のシミュレーションに際しては，まず以下の4つのグループに分けていく。もちろん論点によって複雑に交差するので簡単には線引きできないところもあるが，1つのイメージとしてとらえ，具体的にシミュレーションとしてマッピングしていくのである。

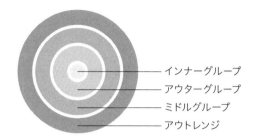

インナーグループ	国益や立場がほぼ一致していて，間違いなく組める国
アウターグループ	国益は近いけれどもコア（軸）をつくるほどではない国
ミドルグループ	国益が似ているとも離れているともつかない中間的な国
アウトレンジ	国益が対立し，最初のグルーピングの範囲外となる国

例1 アゼルバイジャンのシミュレーションマップ（寒冷化における食糧安全保障）

以下はあるペアがアゼルバイジャンを担当した会議で実際に作成した事前シミュレーションマップであるが，まず自国を中心にコア（インナー），アウター，ミドル，アウトレンジの4つに分け，それぞれのポジション，国益をもとに国を配置し，グルーピングを想定している。次に意識や注意点，具体的なシミュレーションを書き込み，そして，それらをもとに3色の蛍光ペンで，初日の動きを3通りにシミュレーションしている。会議本番では，議場の動きに合わせて，これら3つのうちのどのアプローチをとるのか判断していくわけだ。なお，このときはダブルシングルというかたちで動いたのだが，一人はインナーグループに入ってコアとなるグループを形成し，もう一人はアウターグループに入って別のグループを形成することから始めた。

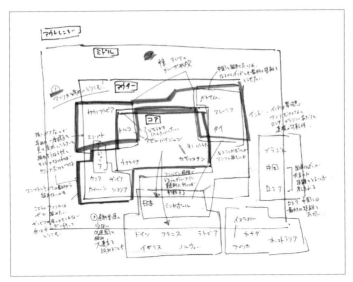

▲アゼルバイジャンのシミュレーションマップ

例2 アメリカのシミュレーション（核軍縮）

　ある生徒が事前に私に送ってきたシミュレーションを紹介する。単にどのようなグループ形成を考えているかだけでなく，どのタイミングでどのように折衝していくのか，ということまで書いてあり，彼らの思考が手にとるようにわかる。

　アメリカは最大の核保有国ですよね。国益を共にするのは同じ核保有国です。そうなるとイギリス，フランス，中国，ロシアなどが挙がります。米ロは二国間交渉もしており，ロシアとアメリカが対話していくことは国際ルールづくりでも求められることですが，一方で，そもそも米ロの核はお互いに向けてつくっていたものであり，また中国，北朝鮮のこともあり，安全保障全体の枠組みから考えると，ロシアと是々非々で最初から組むのはハードルもあるかと思います。もちろん国連会議は二国間会議ではないですし，国際社会全体の合意を形成していくものなので，ある程度の立場の対立は乗り越えられるものもありますが，それでもアメリカとしてはロシアをいきなりインナーグループとして設定することは想像しがたい。ロシア，中国と組むと，核を減らす，NPTを守るということはいけそうですが，結局，北朝鮮のことがあるのと，お互いの緊張関係があり，それ以上は何もできない。消極的に現状維持はできるかもしれないけ

2　模擬国連のスキルとノウハウ　79

ど，安全保障上はアメリカにとってマイナスが出るリスクもあると個人的には考えています。つまり，アメリカにとっては，ロシアは論点やその他の状況によってはアウターグループにもなれば，アウトレンジ（相違点のほうが大きい）グループにもなり得ます。

　では，アメリカにとってのインナーグループはどこになるかといえば，それは安保理の盟友イギリスとフランスです（ただし，この 2 カ国は2017年10月の核廃絶法案で賛成に回ったので，今は別シナリオを書き直さなくてはいけませんが）。まずはイギリス，フランスという保有国に米英仏の総論合意がとれるように提案をしていきます。その 2 カ国が「ロシア，中国も含めた保有国と話そう」と思っているなら，そう動く前にアメリカ，イギリス，フランスを中心とした西側諸国で話を進めるように先手を打って展開させていかなくてはいけません。そこはアンモデに入る前にメモでどんどん交渉していきます。それと同時に，北朝鮮，中国，ロシア，イスラムという側面（観点）で利益の近い日本，韓国，EU諸国，トルコあたりをアウターグループとして設定して，交渉を重ねていきます。そして核廃絶決議で棄権やあいまいな態度をとる国のなかで，現在の核拡散防止条約（NPT）の枠組みを守れる国をミドルグループに設定して，なるべくアメリカに賛同してもらおうと交渉を重ねていきます。

例 3　複数のシナリオを担保する──エジプト

　前述のシミュレーションでもそうだが，常に複数のシナリオを頭のなかで描き，状況に合わせて選択していくということが意識できると動きの幅が広がる。ある成功例を紹介する。「テロリズムの根絶」を議題とした会議にかえつ有明のエースペアがエジプト大使として参加した。エジプトはテロという議題において様々な立ち位置がとれ，地理的にもアフリカ，中東，ヨーロッパという 3 つの地域に挟まれており，宗教的にもイスラムがかかわってくるので，それぞれの角度からみると複数の可能性を担保するのに最適といえる国だった。この会議におけるグループ形成で，彼らは事前に私に説明していた 3 つのプランのうち 2 番目のプランを選択した。当初は違う動き方を想定していたが，序盤に交渉が停滞してしまったのである。そこで，自分たちの行動プランを切り替え，外交を機能させていく作戦をとったのだ。複数のアプローチをとることで，彼らは柔軟に動き方を調整し，最後はコンバイン交渉の段階で大きな存在感を示すことができた。

行 動力と実行力を育てる

スモールベースボール

　自分たちより知識があり，地頭もよく，弁が立つ相手は山ほどいる。そのなかで，生徒たちがトップレベルの大使に対等に対峙する際，真正面からのディベート勝負，力ずくの交渉といったパワープレイで勝負を仕掛けてもかなわない。しかし外国のパワーベースボールに対抗するには，私たちは日本のスモールベースボールのように足と戦略と技術を使って臨むしかない。「大きいグループを形成しよう」という数の原理は求めず，小さいグループでトップラインを守って確実にDRの質を上げることを大切にしていく。そして，外交は最初から足がパンパンになるくらい動きまわり，コミュニケーションの軸をつくる。

ダブルシングルという動き方

　模擬国連ではペア内の役割をあらわすときに「内政」「外交（外政）」という言葉を使うが，上級のペアには内政，外交という役割を固定せずに，議場に合わせて柔軟に動くことが望ましいと思っている。内政・外交という役割分担ありきだとそれに縛られて柔軟性を失ってしまうことがあるためだ。個々の特性をいかしながら，その場の会議のながれと達成すべきビジョンに合わせて柔軟かつ多角的に動き方を変えていくのが理想である。

　かえつ有明時代，面白いペアがいた。B君，Cさんという男女ペアで，B君は負けん気が強く，強気の交渉が得意。一方，Cさんはバランスのとれたオールラウンドプレーヤーの素質があり，いろいろな役割を兼ねながら動ける。派手さはないが安定感は学内随一で着実に交渉結果を出す大使だ。役割という点からいうと彼らは実に面白く，「この局面はB君が内政，Cさんが外交をしているんだな」と私が思っても，あとで本人たちに聞いてみるとお互いの意識はそれぞれ逆だったりすることがある。特にCさんが，外交とも内政ともいえないような中間的な役割をうまく果たしバランスが取れているからこそ，「リバーシブル・ペア」と呼べるほど様々なアプローチが試せたのだ。

　ペアのレベルが上がり会議の中核を担えるようになってくると，さらに一段階上のレベルの動き方に取り組んでいく。それは，「それぞれシングルとして動く」というものだ。

ただ単に2人がバラバラに動くというのではなく，同じX国大使であっても，それぞれが「X－1国，X－2国」という別の国の大使として動くということだ。もちろん個人のスキルやフットワークがないと実現できないが，もしこれがうまくいけばそのペアは事実上議場で2カ国を担当させてもらっているのと一緒である。

　具体的な動きとしては，特に序盤の動き方が重要となるのだが，2人がそれぞれ独立して交渉とグループ形成をしていき，同時にペア内でその2つのグループを1つにしようと交渉していく（私は「ペア内コンバイン」と呼んでいる）。どのように2つのグループを形成していくのかいうことは，状況と国の立場によってペアでシミュレーションをいくつか出し，そのなかで本番の状況に合わせて判断していくことになる。

メッセージ力を育てる

「話す」ではなく「伝える」──相手に届くスピーチを

　模擬国連に参加すると，帰国生を中心にスラスラと英語で話す生徒を多く目にするが，どんなに流暢でも何をいっているのか伝わらないものが多くある。もったいない。原稿は用意しているし英語も上手なのだが，朗読であってスピーチではない。模擬国連に限らずどんなスピーチでもそうだが，相手にメッセージを伝えようと思わなければ伝わらない。全国大会レベルでも，「用意されたものを読んでいる感」が強くて主張がよく分からないケースが見受けられる。

　重要なのは，スピーチの基本にして最重要の原則，「わかりやすく，堂々と情熱をもってメッセージを伝える」にほかならない。「話す」という意識ではなく，「みんなに聞いてほしい」「これを伝えたいんだ」というメッセンジャーとしての思いで語りかけてほしい。スピーチの中身を考える最重要のベースは，「どんな内容を入れるのかではなく，どんなメッセージを伝えたいのか」という視点である。模擬国連は議論の日数もスピーチの時間も限られているので，スピーチにもどうしても戦略的な内容ばかりが目立ってしまう。しかし，会議場の演台で何を話し，どう伝えるのかというときこそ，大使の品格と手腕が問われる場面だ。単に原稿を読んで事務的にこなすのではなく，ノーベル平和賞を受賞したマララさんのように，熱い思いで溢れたメッセージを参加者全体に届けてほしい。

82　第Ⅱ部 ● 実践 practice

記憶に残るスピーチ

　これまでにみたスピーチで印象に残ったものを1つ紹介する。2016年のかえつ有明の冬大会で強豪校・渋谷幕張高等学校のエースが見せたスピーチだ。彼女の発した一言目から会場が張り詰めた。「なぜ核軍縮が必要なのか」，彼女は議場全体を見渡し，ゆっくりとそう語りかけたのである。威厳のなかに意志を感じる口調，議場全体を包み込む語りかけ，そしてその強いメッセージ。まさに圧倒的なメッセージ技術だった。その間，会場は完全なる静寂に支配され，ほかの大使たちは音を出すこともできない。ゆっくりした話し方ゆえに具体的な中身はそこまで多くなかったが，残したインパクトはどこよりも強かった。彼女は，核軍縮でイランという難しい立ち位置の国を担いながら，このスピーチで一気に議場のながれをつくりだした。イランについていくしかない，そう思った大使もいたのではないだろうか。たかだか2分間のスピーチにあって，その会議のハイライトの1つだったといえるほどのインパクトだった。

注意するスピーチ

　私が特に注意するスピーチが大きく分けて2点ある。8割以上のスピーチがこの2点でつまずいているといっても過言ではない。

　1つ目は，特に初心者や中級者によくあるケースだが，国際会議ではなく自国の国会演説で話すべき趣旨のものだ。ポジション・アンド・ポリシー・ペーパー (PPP ➡ 用語解説) の要点を英語に直しているからそうなってしまうのだが，自国の課題，自国の状況，自国の課題解決に終始しているものが散見される。相手からすると「他人事」にしかならない。

　2つ目に，なぜ国際社会で協力して解決する必要性があるのか，なぜ国連で協力して解決にあたらないといけないのかを訴えていないものだ。スピーチの意義は，メッセージを世界に届け，自分たちの解決策の納得度を上げ，価値を高めるように訴えかけることである。その観点から，「国際社会に訴えかけるべきメッセージ」をしっかり発するように指導したい。

2　模擬国連のスキルとノウハウ　　83

どのようにメッセージの価値を高めていくのか

　前述の例から考えてみよう。ここでのポイントは、「自分自身の課題解決がみんなの課題解決になる」ようにメッセージを発し、「いかに自分たちの解決策が全員の利益になるのか」ということを提示するということだ。そのために、自分の課題（もしくは相手の課題）と社会全体の課題の繋がりを構築することが求められる。これはあらゆる課題解決において共通することだ。誰しも自分のことだけ本当はやっていたいというのが本音で、逆に自分事であれば真剣になる。だから「自分事＝全体のこと」「私たちのDR＝みんなに利益のあるDR」という提示をすることが大切なのだ。

　そしてもう１つは、「なぜ国際協力が必要なのか」ということをしっかり伝えるということだ。「これは内政問題ではないんだ。みんなで国際協力して、こういう解決をしていくことで自国の問題も解決できるし、世界の問題も解決できるんだ」というメッセージを意識的に盛り込めるとよい。

　さらにいえることは、「全部を説明しようとせず、最重要論点のメッセージに絞ってはっきり伝える」ということだ。制限時間ですべてを伝えることは難しい。「伝えたいことは全部話したい」と思うのが人間の心理だが、実際は話したことの一部しか相手の意識には残らない。だからこそ「この論点だけは絶対伝えたい」というものを絞り、そのメッセージだけでよいのでしっかりインパクトを持って伝えようという意識が重要なのである。

交 渉力を育てる

多国間交渉と多面的交渉

　交渉に際して、私は「多国間交渉」と「多面的交渉」という２つを徹底的に指導している。この２つは別のことをあらわしているが、それぞれ表裏一体でもあり、それらがうまく回るといろいろなことが実現できると感じている。スモールベースボールで勝負する私の生徒たちにとって、この多国間交流と多面的交渉はまさに生命線といえよう。

　まず多国間交渉は、複数の当事者をかかわらせていく作業である。納得する当事者を増やすということもあれば、チームとして役割と責任を共有してグループダイナミ

ズムを高めていくのに有効だ。

多面的交渉は複線の可能性を担保しながら、国と国を結ぶ交渉をいくつも仕掛けていくということである。私は交渉や外交を、「輪ゴム型交渉」とか「クリップ型交渉」というように名づけている。輪ゴムはグループを1つにまとめるときに使うものだ。グループが大きくなればなるほど輪ゴムを広げる力も必要になり、相当力がないとできず、また、その交渉スタイルだとどこかの局面で他国と主導権争いでぶつかっていくことになる。一方、クリップは個々を繋げる道具である。みなさんも写真のように繋いで遊んだことがないだろうか。

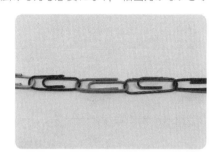

両方とも必要な交渉スタイルだが、私が生徒に求めているのは後者のクリップ型交渉の実現である。簡単にいえば1対1、1対2、2対2といった小さい交渉を積み重ねて、いろいろな国を繋いでいくということである。そのためにも個々の国の特性と立場をみきわめながら議場把握をする必要がある。クリップ型は輪ゴム型ほど派手ではなく、動きが小さく外から見ていたらあまり目立たないが、とにかくコミュニケーション能力、機動力、柔軟性、地道さが必要とされ、全体のながれを細かく把握していなくてはいけない。個々の国と対話を地道に重ねている分、うまく機能すると外交のダイナミズムをつくりあげることができ、大きな効力を発揮する。

かえつ有明のエースAさんは、ある会議の事後フィードバックでフロントから以下のようなコメントをいただいた。

生徒の声

外交に行く際、特に理由を説明せずに「ペアの片方集まってください」と呼びかける大使が多いなか、Aさんが「交渉を日本だけがおこなって、コンバイン交渉が日本の意見に偏ることを防ぎ、多国間交渉をおこなうために、外交に興味のある大使の方はこちらに来て下さい。」といっていたことです。あらためて交渉の際にたくさんの国を巻き込む意義を実感しました。

Aさんは完全に意図してこの行動をとっていた。この多国間交渉には，「プロセスの納得度が解決策の納得度，強度に直結する」という考えが根底にある。「誰かの解決策」ではなくて，より多くの当事者がかかわって「みんなの解決策」にしていくプロセスを大切にすることが解決策自体の価値を高めることになるのだ。Aさんはそれを意識し，より多くの国が当事者意識をもって解決策を議論できる場をつくっていったのである。そして，その前段階として会議冒頭からクリップ型交渉をいろいろな国に仕掛け，相違点や対立点をふまえながら，繋ぎ合わせを考えていたので実現できた交渉だということも大切なポイントである。

聞く技術，話させる技術

リーダーになるとどうしても自分が話す時間が長くなり，自分の主張を伝えることに集中してしまう。そのなかで，パッと俯瞰的に自分のグループや交渉をみて，どれだけ相手が意見をいう時間と場，雰囲気が保てているのかということも把握しなくてはならない。その際に重要でありながら忘れがちなのが，聞く技術と話させる技術である。クリップ型交渉では，国と国を結ぶ交渉がアプローチになるので，必然的にお互いの対話関係を積み重ねていくことが求められる。相手に話をさせ，それを聞き，意見を吸い上げながら，決議の価値を共有できる当事者を増やしていくことが大切なのだ。

国際平和を目指すマインドを育てる

ここまでアプローチや戦術を共有してきたが，模擬国連教育で最も必要なのは，やはり国際平和を目指す模擬国連の理念を体現するマインドである。模擬国連は勝ち負けなのか，ゲームなのか。幾度となくこのような質問を耳にしてきた。

大会には「優秀賞」などの表彰もあるが，本来勝ち負けを決めるのが目標でもなければ，ゲームでもない。模擬国連の至極のゴールは「世界平和──より良い未来を目指して」ということである。そこに中高生が模擬国連に取り組む意義がある。

中高生は単純だ。理想論の決議案が2日間で全会一致で通ったりする。でも，単純の「純」は純粋の「純」でもある。その純粋さ，世界平和を目指したいと思う生

86　第Ⅱ部 ● 実践 practice

徒の思いや，キラキラとした目の輝きこそ，最も大切にしたいことである。

　実践女子に勤務していたときには4年連続ニューヨーク大会に進出したこともあり，現在自分が指導する生徒に対しても「全国大会に出場して，できれば世界に進むぐらいの頑張りをみせてほしい」という思いはどこかにある。経験不足，リサーチ不足の生徒を指導するともどかしく思うことも無きにしもあらず。「楽しみたいだけじゃなくて，しっかり取り組めよ」と思うことも常だ。リサーチ不足や交渉力，知識はまた指導していけばいいし，今後の経験で補える。それよりも，中高生の彼らが「こういう未来にしたい」という思いを持ち，それを語っていることが大切なのではないだろうか。ゲーム感覚でも大いに結構。世界平和にふれ，これだけ社会課題を考えるきっかけができるなら，ゲーム感覚でもいいじゃないか。そのきっかけをつかんだ生徒をどう後押しするかはまた私たち教員が考えればよいのではないだろうか。これに限っては画一的なノウハウはない。しかし，これこそ，私たち教員が生徒に伝え，共有していかなくてはいけないものではないだろうか。

　たかが模擬国連。たかが模擬だ。どんなに頑張ってリサーチをしても，どんなによい政策を考えても，そしてどんなに充実した会議行動をとれたとしても，しょせん模擬なのである。よい決議案を採択し，あたかも課題を解決したつもりになっていたところで，一歩外に出てみたら何一つ変わっていない。社会課題どころか，道路に落ちているゴミ一つ拾われていない。結局，ただの自己満足にしかすぎないのか。

　しかし，今後の世界を担う若者が一生懸命会議に取り組み，いろいろ考え，悔しい思いもして，結果云々にかかわらず充実した時間を送ることができたら，会場を出るときには未来が一歩だけよい世界に向かっている。これが私の理想の模擬国連である。だからこそ，賞の有無や結果の良し悪し，経験の有無にかかわらず，一人一人が「よりよい世界をつくりたい」という熱い思いを持って自ら成長課題を設定し，自分の大切にしているものを追い求められるような会議であってほしいと願っている。模擬でもいい。高校生なりに試行錯誤して動いていることには変わりない。まだ粗いかもしれないし未熟かもしれないが，仲間と語り合い，理想と熱い思いをかたちにしようとしているなら，きっとそれは未来のアクションに繋がっていくことだろう。

　模擬国連をみると，彼らのような人間が未来を明るく変えてくれるのだなと確信す

る。本当に彼らは果てしない可能性に満ち溢れている。そして私は，彼らのその可能性を教室，学校という，私たちがつくった箱に押し込めるのはもったいないと感じている。今は模擬でもいい。若いうちに自分のみている世界をもっと広げてほしい。彼らの可能性は模擬という枠に収まりきらないほど大きなものだと信じている。どんな小さなアクションでも，必ず本物のアクションに繋がるときが来るはずである。

エースたちのその後

　ここで紹介したAさんとCさんは，高校2年生の3月に高校模擬国連を引退したあとも彼女たちの活躍はとどまることがなかった。彼女たちは模擬国連に参加し，学校保護宣言という条約の存在，そしてその条約に日本が調印していないことを知った。教育を，そして子どもたちを戦争から守りたい，そう思った彼女たちは1つのアクションを起こした。東京だけでなく沖縄や長崎の思いを共にする高校生とともに「学校保護宣言キャンペーン」という署名活動を立ち上げたのだ。その間，外務省，防衛省，NPOや国会議員に働きかけ，共に勉強会を開催し，ついには新聞，テレビの取材を受けるまでになった。集まった署名は「こどもの日」に合わせて鯉のぼりのかたちにして防衛省と外務省に提出したのだが，国会質疑の場で「いつ高校生からの鯉のぼり署名を受け取っていただけるのか」と外務大臣に質問がなされたということも報道された。

　彼女たちは模擬国連という世界で課題意識の芽を育み，模擬という世界を超え，「高校生だからこそ世界を変えられる」と示してくれた。なんと夢のある話だろうか。そして，なんと高校生は可能性に満ち溢れているのだろうか。もちろん彼女たちのさらなる活躍も応援していきたいが，同時に彼女たちに続く後輩たちが出てくることも楽しみにしたい。彼らと一緒に「よりよい世界をつくりたい」，それが模擬国連に参加する私の心からの思いである。

89

3 模擬国連会議の企画・運営について

渋谷教育学園幕張中学校・高等学校　齊藤　智晃

会議を企画・運営するということ

　模擬国連の一番の醍醐味は，何といっても会議に参加することであり，その点について異論はないであろう。会議に参加することの楽しさ，奥深さ，そこに秘められた教育的意義については，別のテーマで多くの先生方から語られている通りである。

　しかし，模擬国連にはもう1つ重要な，そして他の類似する活動にはない，特徴的な側面がある。それは実際に会議を企画・運営することを，同じ高校生が担うことができる点である。こういった能動的なかかわり方ができるのは，模擬国連ならではの大きな特徴であり，多くの生徒を惹きつけてやまない特徴の1つだ。もちろん，模擬国連にかかわるのであれば，まずは大使として参加してほしいし，そこで得られるものはとてつもなく大きい。一方で，大使としての参加に慣れてきたらぜひ，会議を実際に企画・運営することをお勧めしたい。大使として参加しているときにはみえなかった，模擬国連の新しい見方に気づくはずだ。世界観が変わるといってもいい。それくらい大きなことだ。

　ここでは，2018年の3月30日・31日に渋谷教育学園幕張中学校・高等学校を会場に，本校生徒が企画運営に携わった会議の実践例をもとに，模擬国連会議の企画・運営に関するノウハウを多くの方々にお伝えすることを目的としたい。

フロントを担当するということ

　本校が実際に会場を提供し，会議の運営に携わるのは2018年3月の会議で3回目となる。最初の開催は2015年の夏であった。実はこのときは，本校での会議開催が決まってはいたが，肝心のフロント●用語解説を担当する生徒が6月になっても決まらず，私自身，非常に焦っていた記憶がある。最近では，会議のフロントを高校生が務めることがほとんどだが，当時はまだ，卒業生（大学生）が務めることも多かったように記憶している。事実，私も当時は「フロントは卒業生」と決めつけ

ており，何名かの卒業生にオファーしていたが，皆忙しく，状況は芳しくなかった。生徒にとっても，この頃は今ほど会議の開催数が多くなかったので，数少ない会議経験の場であり，大使として参加したい思いは強かった。

　結論をいうと，この会議のフロントは在校生に無理をいってお願いすることとなった。議題概説書（BG ⊙ 用語解説 ）も生徒たちが作成し，時間がないなかではあったが，本当にいい会議になったと私は思っている。そして，フロントを務めた生徒たちが，「外からみることによって模擬国連の見方が変わった。とても勉強になった」といってくれたことが，私は本当に嬉しかった。模擬国連は，場合によっては100名を超える参加者がいる。会議に参加していると，そこには利害関係があり，どうしても自分中心に動いてしまう傾向がある。外からみるということは，そういった利害関係を抜きにして，大使の言動を客観的に捉えることができ，自分自身の会議行動をみつめなおすよい機会となる。

　このときを境に，私は，高校生でも十分にフロントを務められること，そしてそれがその生徒にとって大きな成長の糧となることを確信した。その後は，機会があれば本校生徒にフロントを勧めている。2016年3月には2回目の渋幕会議を開催した。また，夏と冬には，かえつ有明中学高等学校で会議がおこなわれ，それぞれ本校生徒がフロントを務めた。そして，この2018年3月の会議も，当時の高校1年生13名が運営を務めた。

単に「会議」と呼びたい

　現在，高校模擬国連の大きな全国大会（公式大会）は「全日本高校模擬国連大会 ⊙ 用語解説 」と「全国高校教育模擬国連大会（AJEMUN） ⊙ 用語解説 」の2つがある。この2つの会議は，参加するためには相当の準備が必要であり，いずれも全国大会の名に恥じない素晴らしい大会である。そしてこれ以外に，主に個々の学校が主催する，いわゆる練習会議が存在する。ただし，練習会議という呼び方には，議論の余地があることもたしかだ。実際には，練習会議とはいっても，相当レベルの高い会議も存在する。模擬国連会議のレベルや質は，運営側や参加者がどれだけ真摯に議題と向き合い，事前の準備やリサーチに時間を費やしたかで決まる

3　模擬国連会議の企画・運営について　　91

といっていい。練習会議であっても，途方もないような膨大な量のリサーチをおこない，我々大人を驚かせてくれる生徒は少なくない。

　そもそも，何の「練習」なのかという意見もある。模擬国連は与えられた議題について，各参加者が実際の「国」の立場に立って議論を交わし，決議という１つのゴールを目指していくものだ。その最終目的は国際協調，世界平和である。いくら「模擬」とはいっても，気持ちのうえでは一国の大使としての誇りと責任を持って会議に臨まなければならないし，そうあってほしい。公式大会ではないからといって，適当に準備してお茶を濁すのは望ましくない。会議の参加者は，目まぐるしく変化する国際情勢の「今」を議論しているのだ。そこで決まった決議は国際社会への１つの提言となるつもりで議論してほしい。だからこそ，すべての会議に対して，決して妥協することなく，全力で取り組んでほしいのが私の考えである。同時に，公式大会だけが模擬国連ではないという意識を多くの生徒に持ってほしい。こういった理由から，本章では単に「会議」という表記で進めていく。

会議の準備❶ —— まずは人

　ここからは実際に会議を企画・運営していくためには何が必要かといった話に入っていく。当然のことながら，まず大事なのは，実際に企画・運営をするフロントメンバーの選出である。これが決まらなければ，会議を運営することはできない。自校生徒で希望者がいない場合は，他校にフロント生徒をお願いするというケースもあり得る。実際に本校も，かえつ有明中学高等学校主催の会議などでフロントを務めたことがあるのは前述の通りである。

　2018年３月の会議の中心となった学年は，ちょうど私が中学１年生の頃から担任をしてきた学年であり，以前からこのタイミングでこの学年を主体にして大きな会議を開催したいと考えていた。生徒たちも積極的にこの話に賛同してくれ，本当に素晴らしいメンバーで会議を開催することができた。

　さて，フロントを務めるには，どのような知識・技能が必要であろうか。今会議で設定した役職とその役割を簡単にまとめると以下の通りとなる。

　今会議は幸いにも，運営メンバーに手を挙げた生徒が13名もいたので，細かい役割

分担が可能であったが，これだけの人数が集まるケースは珍しいであろう。実際にはもっと少人数で適度に仕事を簡略化しながら準備を進めていくことが現実的であろう。

　以下に，今会議で実際に設定したフロントの役職を紹介する。前述の通り，今会議はメンバーが潤沢であったため，かなり細分化された役職となっていることはご了解いただきたい。

議長（Chair）　1名

　実際に会議の議事進行を務める役職である。現状，多くの会議は英語で進行していくので，ある程度の英語力は必要である。そうはいっても，議事進行の文言はある程度は定型句が決まっており，議長マニュアルもいくつか出回っているので，そこまでハードルを高く構える必要はない。実際に本校の模擬国連部は帰国生が多いが，今会議の議長は一般生が務めた。帰国生・一般生を問わず，失敗を恐れずに，ぜひ議長にチャレンジしてみてほしい。

　会議中には，予期せぬ動議（Motion）や申し立て（Point）が出されることがある。そのため，議長には常に臨機応変な対応が求められる。またある程度の権限を任されており，議長提案や議長裁量などをおこなうことも可能である。ただし，その提案が本当に議場に求められているものであるのかどうかは，注意する必要がある。議長がよかれと思って出した提案が，大使には全く受け入れられないことも多々ある。大使との信頼関係が崩れてしまわないように，議長は常に議場の雰囲気に注意を払っておく必要がある。

　また，高校模擬国連では会場の関係で時間が限られている場合が多い。場合によってはプロシージャー ●用語解説 を適度に省くなど，残り時間に配慮した議事進行が求められる。

秘書官（Secretary）　1名

　今会議では設定したが，フロントメンバーの人員が少ない場合は無理に置く必要はなく，置かれない会議のほうが多い。今会議では議事録の作成を主な仕事としたが，会議によって想定される役割は異なるようだ。このように，主催者によって，若干ルールや考え方が異なるのも模擬国連の醍醐味の1つである。

　議事録の作成については，公式文書を英語で提出する会議であれば，英語での記載が正式ではあろうが，かなり高い英語力がなければ現実的には難しい。今会議では帰国生の生徒が務め，かなり詳細にまとめてくれたが，実際には，日本語で議事録を書くことも多く，それでも全く構わないであろう。

3　模擬国連会議の企画・運営について　93

会議監督（Director）　2 名

　会議監督は多くの会議で設定されるが，その仕事内容も会議によって若干の変動がある。今会議での主な仕事は，実際の議事進行が事前に提示したプロシージャーや会議細則に則っておこなわれているかのチェックとした。いわば会議の心臓部分であり，今会議では一般生の 2 名が担当した。

　会議中に発言することはそれほど多くはないが，注意すべきことがある場合は，必要に応じて発言することとなる。そのため，大前提としてBGの内容については熟知していなければならない。また，提出された決議案（DR ● 用語解説 ）やワーキング・ペーパー（WP ● 用語解説 ）も隅々まで読み込む必要がある。記載された文言がアウト・オブ・アジェンダ ● 用語解説 にあたる場合は，その指摘をおこなう。なお，今会議ではDRやWPのチェックに関しては，帰国生中心の専門チームをつくったが，会議監督がこれをおこなうケースも多い。

技術（Technology）　1 名

　現在の模擬国連会議では，様々な情報を，プロジェクターを利用してスクリーンに映し出すことが一般的である。具体的にはスピーカーズ・リストの順番，スピーチの残り時間，提出された動議の一覧，アンモデレーテッド・コーカス ● 用語解説 やモデレーテッド・コーカス ● 用語解説 の残り時間，出席確認や投票時のロール・コール ● 用語解説 の結果などである。これだけICT環境が充実してきたからこそできることであるが，これらが綺麗に見やすく表示されている会議は見ていて楽しい。

　これらの仕事は，通常は会議監督がおこなうことが多い。動議が上がったときなどは，素早く国名と内容をタイピングすることが求められる。今会議ではPCの高いスキルを持った生徒 1 名が担当し，アニメーションなどを駆使して，会議に華を添えてくれた。

ここからは，フロントメンバー以外に，今会議で設定した役職を紹介する。

ディレク・チェック　5 名

　提出されたWPやDRのチェックは，今会議は帰国生 5 名でおこなった。具体的なチェック内容は，文言の体裁や文法の間違いがないかの確認と，アウト・オブ・アジェンダにあたる文言や，特定の国を誹謗・中傷する文言などの記載がないかどうかの確認である。提出文書の言語が英語で指定されている以上，かなり高い英語力が要求される。幸い本校は帰国生の部員が多かったので，円滑に進めることができた。今回はディレク・チェックの役職も設けたが，実際には会議監督がおこなうことが多い。

　ディレク・チェックが終わらなければ，文章を印刷に回し，配布することはできない。

実際に，DRが提出されたあと，ディレク・チェックに時間がかかってしまい，その後の
議事進行が後ろに延びてしまい，終了時間に間に合わなくなってしまうことはよくある。
そのため，限られた時間のなかで，素早くチェックする必要があり，とても重要な役割で
ある。

　実際には，高校生の会議では開催校の都合で終わりの時間は決まっていることが多
い。特に本校はそうである。場合によってはチェック内容を本当に必要なことに限定する
ことも必要となる。

アドミニ

　議場を巡回し，会議運営の補助をする役割である。具体的にはワーキング・メモの
回収と配布，印刷された文書の配布，モデレーテッド・コーカス時のマイク回しなどが
挙げられる。雑用的な仕事であり，それほど難しい仕事ではないが，円滑な議事進行
のためには，なくてはならない存在である。会議の流れを直に知ることができるため，初
心者にとっては得るものも大きい。今会議は運営メンバーが13名と多かったので，その
ときに手の空いているメンバーでおこなったが，以前主催した会議では，初心者の中学
生部員に手伝ってもらったこともあった。

　初回のメモ回しが一番忙しいため，会議によっては，見学者や引率教員の手も借りる
ことは多い。後述するが，今会議ではこの煩わしさを解消するための工夫もおこなった。

　また，参加する大使は，アドミニへの敬意の気持ちを決して忘れてはならない。時々問
題になるが，メモを挙げたときに，アドミニがなかなか来ないと急かすような素振りをみせ
る大使がいることがあるが，これはよくない。メモを受け取ってもらったり，届けてもらった
りしたときは，「ありがとう」と一言添えられるような感謝の気持ちを示すことが大切である。

投票集計・賞状作成　5名

　今会議では非公式ながら表彰をおこなった。受賞者は大使間投票によって決定する
こととし，2日目の朝，各国に1枚配布する投票用紙に，会議行動が優れていたペア
を2カ国，発言が優れていたペアを1カ国記入してもらい，お昼の時間帯に回収した。
投票結果を担当生徒で集計し，最優秀賞1ペア，優秀賞2ペア，発言賞1ペアを表
彰した。また，それ以外にフロント特別賞も選定した。大使間投票の方式はAJEMUN
でも採用されているが，閉会式に間に合うように集計し，賞状印刷をおこなう必要があ
り，時間はかなり厳しいのが現状である。

教員の役割

　運営も含め，高校生主体でおこなわれている会議に教員が介入し，ながれを仕切っ
てしまうことは望ましくない。しかし，様々な理由から会議の円滑な運営が困難となった

3　模擬国連会議の企画・運営について　　95

場合は，教員が助けに入ることは必要である。

　例えば，予定の時間よりも議事進行が遅れてしまったとき，フロントも大使も，生徒は多くの場合，プロシージャー通りに進めようとする。しかし，前述の通り，施設の都合から終了時刻は変えられない場合が多い。そのようなときに，適切にプロシージャーを省くよう，教員が助言をすることはあってよい。また，フロント生徒と大使との間でルールに対する認識の不一致があったり，お互いの信頼関係が崩れたりすると，ポイントの応酬となり，会議の収拾がつかなくなってしまうこともある。そのようなときには，適度に教員が介入し，事態の収拾に努めるべきである。そのためには，教員の側も最低限のルールは理解しておかなければならない。私も含め，ほとんどの教員は，自分が学生時代に，実際に模擬国連の会議に参加した経験はない。模擬国連の世界では，生徒のレベルがどんどん上がってしまい，そこに教員の理解が追いついていない現状がある。私も含め，教員の側のスキルアップも求められている。

英語力はどのくらい必要か

　議事進行や公式討議，文書などが英語でおこなわれる以上，ある程度の英語力が必要とされる。ただし，英語力がネックとなってフロントを担当することを躊躇するのはもったいない。日本でおこなわれる会議であれば，わかりにくい場合は，一言「日本語で失礼します」と付け加えて日本語で説明することもできるし，その方がかえって議場全体に伝わりやすい。実際には定型句を覚えてしまえば，そこまで英語力を心配する必要はない。また，近年はAJEMUNのように，日本語主体の会議もできてきており，今後も増加が予想される。英語が苦手な人も，ぜひそのような会議で運営を経験してみてもらいたいと思う。

会議の準備❷ ── BGを書く

　「BGを書く！」と一言でいえば簡単なことだが，実際にはこの作業には我々教員が想像する以上に，途方もない時間と労力を要する。そのため，会議によっては既存のBGを使用することも多く，そのほうが一般的かもしれない。グローバル・クラスルームの主催する全日本高校模擬国連大会の過去のBGは第１回大会からホームページ上で公開されており，こちらを利用した会議も多い。AJEMUNも２回開催されたが，まだまだ発展途上でありBGを作成するだけの運営的・人的余裕はなく，全日本

高校模擬国連大会のものを借用，または一部新しい内容を補足して使用している。

　国際情勢は日々目まぐるしく変化しており，1年前のBGでも，そのままでは使用しにくい場合が多い。そのような場合は，既存のBGとは別に補足の文書を作成することが一般的である。ただし，あくまで他人のつくったBGであるため，オリジナルの文書には手を加えないことを注意したい。

　こういった意味で，高校生が一からBGを作成することは本当に大変な作業であるが，その分，得られるものはとてつもなく大きい。本校は過去に開催した会議でも原則BGを作成しており，今会議でも，早い段階から生徒にそのことを伝え，準備を進めてきた。

　今会議の議題は「持続可能な工業生産と消費(Sustainable Industrial Production and Consumption)」とした。この議題は，持続可能な開発目標(SDGs)の目標12「つくる責任，使う責任」を背景に，生徒たちが話し合って決定したものである。議題選定の大きな理由は，模擬国連では食料問題や環境問題などはよく議論されているが，「工業」という観点からの議論はあまりなされてこなかったからである。

　BG作成は，章ごとに担当生徒を決め，分担しておこなった。作成中の文書はグーグル・ドライブで共有し，随時それぞれの生徒がお互いにコメントし合えるようにした。BGを作成するためには，多くの文献やウェブサイトの資料を収集し，それぞれを入念に読み込んでいかなければならない。そういった意味では，論文を1つ書き上げるような地道な作業である。ある生徒は，「日本で一番，エネルギー問題に詳しい高校生になった気がする」といっていた。そのくらい膨大な情報を整理し，完成度の高いBGを作成してくれた。

　BGでは，議論の方向性を定めるために，その会議で主に話し合ってほしい「論点」を定めるのが一般的であり，通常は2～3個設定される。今会議の論点は，以下の3つを設定した。

論点Ⅰ　工業資源の持続可能性
論点Ⅱ　工業生産における労働問題
論点Ⅲ　公害対策

3　模擬国連会議の企画・運営について　　97

実際にはそれぞれが独立した会議で話し合われても十分に議論ができるようなテーマであり，それだけ内容の濃いBGとなった。今会議では，具体的には，以下の内容をアウト・オブ・アジェンダとした。

（論点Ⅰ）
・油田や海底鉱山の領有権争いなどの国家間の問題
・工業利用に至っていない資源の利用や埋蔵量などに関する専門的な内容
・資源の価格に関する経済的な議論
・主要な資源（石油，石炭，再生可能エネルギー全般，従来エネルギー全般，
　鉄鉱石，ベースメタル全般，レアメタル全般）以外に関する議論
（論点Ⅱ）
・賃金・労働環境以外の労働問題
・女性，児童，移民など特定の労働者層に限定した議論
（それぞれ別に議論の場が存在するため）
・農業に特化した労働問題
・労働組合に関する議論
（論点Ⅲ）
・地球温暖化についての議論
・家庭排水・農業廃水など，工業生産に関係のない公害

会議の準備❸ —— 議場も大事

会議を開催するのであれば，まずは議場が用意できなければならない。1回の会議の参加人数は開催時期や募集対象とする学年を高校生のみとするか，中学生も可とするかによって変動する。昨今，首都圏で募集をかけると，時期によって異なるが，100ペアを超える生徒が集まる。今会議は1議場での開催としたが，人数が多くなると2〜3議場に分割することも多い。

仮に100ペア参加の会議を1つの議場で開催しようとすれば，参加者は約200名となる。そこに，引率教員，見学者やアドミニの生徒が加わってくるので，余裕を持って，300人程度は収容できる施設が望ましい。また，2つの議場での実施であれば，150名程度を収容できる会場を2つ用意しなければならない。議場のなかにアンモデレーテッド・コーカスができる十分なスペースがない場合は，さらに部屋を用意する必要がある。そう考えると，大きな会議の開催にはそれ相応の施設容量が求

98　第Ⅱ部 ● 実践 practice

められることとなり，学校側の理解が得られなければ開催は難しいといえよう。

　もう1つ大事なことは，印刷機が使用できるということだ。模擬国連では，提出されたWPやDRなどの文書を議場の各大使（1人1枚または1カ国に1枚）に配布する。会議運営は常に時間との闘いであり，迅速に印刷できる環境が整っていることは重要である。

　議場内の設備環境としては，最低限として，マイク，プロジェクター，スクリーンが必要である。議場が広いと，声が通りにくくなるのでマイクは必須である。できれば，議長用1本，スピーチ用1本，議場に回すもの1本の計3本あると便利である。プロジェクターやスクリーンについては，なくても会議自体は可能だが，提出された動議やアンモデレーテッド・コーカスの残り時間などをリアルタイムで表示することができ，会議の臨場感が沸いてくるためぜひ活用したい。そのほか細かいことではあるが，PCなどを使って文書作成をすることを考えると，ある程度の明るさと椅子・机のある部屋を使いたい。なお，右が本校が会場として利用した「第2啓発室」の様子である。

▲着席時の議場の様子

なぜ1議場にしたか

　会議開催の適正人数は一概にはいえないが，50〜60ペア（100〜120名）を超えてくると様々な問題が発生してくる。例えば，議論に参加しない生徒（俗に「会議難民」と呼ばれる）が発生してしまったり，会議の開始時，投票時などのロール・コールに時間がかかってしまったりする。また，モデレーテッド・コーカスで「1カ国ずつ政策を述べる」などとした場合，相当の時間を要してしまう。そのため，前述の通り多くの会議では議場を2〜3議場に分割している。

　今会議では，当初の案内の時点で，議場は1つとすることを明言していた。その

会議に必ず必要な物

▲プラカード　　　▲ネームカード

あると会議の見栄えがよくなるもの

▲木槌

◀▲国連旗などの
UNグッズ

　理由は，①「全参加者で一体感を持って議論に取り組んでもらいたい」，②「引率教員が落ち着いて1つの会議を見学できるようにしたい」といった思いがあったためである。また，運営の生徒も議場の一体感という点で，1議場での開催を希望していた。

　ただし，想定を大きく上回る応募があった場合は2議場へ分割する可能性も残しておいた。私としては80ペアを1議場の上限として考えていたが，実際には88ペア191名の応募があった（3名1組の大使もいるため，このような数字となる）。そのため，予定通り1議場とするのか，2つに分割するのかは最後まで迷った。結果的に，生徒が1議場で準備を進めており，すでにかなりの段階まできていたことや，私自身が1つの会議を最初から最後まで落ち着いて見たことがあまりなかったため，じっくりと見てみたいという思いから，予定通りの1議場で準備を進めていくことにした。

会議案内を出す

ある程度準備が整ってきたら，参加予定校向けに，会議開催の案内を送ることになる。特に大きな会議の場合は，会議開催日の2〜3カ月前には出しておきたい。以下に，今会議における実際の会議案内公表後のスケジュールを掲載しておく。

1月18日	▶	各校への参加案内書の配布
31日	▶	参加申込の締切
2月19日	▶	国割りの共有
25日	▶	国割り（修正版），BG，PPP **→用語解説**，会議細則の共有
3月21日	▶	DRフォーマット，DRフォーマットの使い方，DR作成入門，Summaryフォーマット，国割り（最新版）共有
23日	▶	PPPの提出締切 数日後にホームページにて共有
30日, 31日	▶	会議当日

模擬国連では，さまざまな資料の共有がメールを使っておこなわれることが多く，会議参加の申込も，学校ごとに登録シートをメールで送信してもらうことが一般的である。こういったメールのやり取りが何度も繰り返されることもあり，日々の業務で忙しい高校教員にとってはなかなかの負担となる。開催校としては，資料はできる限り一度のメールにまとめて送れるように工夫する必要がある。

国割り❶ ── 国割りの方法

参加者の登録シートが一通り集まったら，その後は国割りの作業である。なお，議場を2議場以上に分ける場合は，先に議場割りの作業が入る。

今会議は1議場で開催したため，議場割りの作業は必要なかったが，もしこの作業が入る場合は，あらかじめ登録の段階で参加者の会議経験回数を記載してもらうのが一般的である。例えば，経験回数に応じてA〜Cの3段階とするなどが一般的だ。これは片方の議場に初心者ばかりが固まってしまうことを避けるための措置である。

さて，国割りに話を戻す。今会議では募集の段階で，希望する国を第1〜第3

3 模擬国連会議の企画・運営について　101

希望まで書いてもらう形式とした。国割りの作業はなかなか難しく，特に参加国数の少ない会議であると，特定の地域や立場の国ばかりが多いと少数派の方がグループを形成できない問題が発生してしまう。今回は80カ国を超える参加国数をあらかじめ想定していたので，この問題は考える必要がなく，基本的には，国連加盟国であればどこでも希望可能とした。結果，インド洋の小国セーシェルを第1希望としてきたペアなどもあり，なかなか興味深かった。

国割り❷ ── 何をもって平等とするか

どの会議にも，議題から考えて，議場の中心となりやすい国が存在する。例えば，「安全保障理事会改革」という議題で現常任理事国(通称P5：アメリカ合衆国，ロシア，中国，イギリス，フランス)が明らかにおかしな行動をしてしまうと，議場全体が大きく混乱してしまう。そのため，重要な国には，会議経験数の多い大使を当てるというやり方もある。

ただし，実際には，重要な国ほど得られる情報量が多く，立場も一般的によく知られている。そのため，かえって行動が制限され，表彰のある会議などでは不利になってしまうこともある。今会議も非公式ながら表彰を設定していたので，国割りは希望のあったもの以外はすべてランダムに決めた。

しかし，1つ私のミスで混乱を生じさせてしまった。今会議では，通常の国連加盟国以外にオブザーバーとして民間企業や国際機関も参加させた。具体的には，3つの国際機関(国際エネルギー機関〈IEA〉，国際労働機関〈ILO〉，国連工業開発機関〈UNIDO〉)と2つの民間企業(石油メジャーであるロイヤル・ダッチ・シェルとブリティッシュ・ペトロリアム)を設定した。これも，運営生徒たちからの強い希望によるものである。オブザーバーは，投票権は無いが，それ以外の行動は一般の大使(国家)と同様の権利を有している。オブザーバーは実際の国連会議にも存在するものであり，今までも取り入れている会議は少なからず存在した。私は，「同じ条件で」という観点から，オブザーバーもランダムに割り振りをおこなったが，実際には経験の浅い生徒からは，「オブザーバーでの参加は難しい。一般の国家にかえてもらえないか。」といった問い合わせがあった。たしかに，初参加の生徒にオブザーバーをあ

102　第Ⅱ部 ● 実践 practice

てることは，もう少し配慮すべきであった。

　ここで，オブザーバーの意義について簡単に説明しておく。自国の国益を優先的に考える国家，専門とする分野における国際益を追求する国際機関，自社の利益を優先する民間企業では，同じ議題に対しても考え方が異なる。今会議では，結果的にILOやUNIDOはどこのDRのスポンサーにもならない選択をした。中立な立場である国際機関にとっては，ある意味当然の選択である。そのような参加の仕方はオブザーバーならではの醍醐味である。

　オブザーバーが会議に参加するメリットは，国家とは違った視点で議論に参加できるということである。国家が国益を追求するあまり，つい見落としてしまうことを，第三者的な視点で指摘するということができるのが，オブザーバーの魅力である。

　また，今会議では許可をとらずにオブザーバーをDRの文言に入れてしまう事案も発生した。国際機関を文言に記載することはよくあることだが，通常の模擬国連会議には国際機関が参加していない。そのため，あまり気にせずに文言に入れてしまっている。今回はその国際機関が同じ場にいたわけであるから，しっかりと話し合って一言筋を通しておく必要があった。

🇺🇳 割り❸ ── 自国以外の国を明かすかどうか

　模擬国連はまだまだ狭い世界であり，特に交流の活発な関東地区においては，参加者の多くがお互いに知り合いということも少なくない。そのため最近では，事前交渉を防ぐために国割りの発表時に自分（または自分の学校）以外の参加者の個人名は伏せて伝える方式が一般的になりつつある。事前交渉を固く禁じる高校模擬国連では，この方法はある意味当然の措置である。とにかく模擬国連は議論をする時間が限られている。少しでも多く議論をする時間をとりたいという思いはすべての参加者に共通のものであろう。だからこそ，交友関係の幅が広い特定の学校や生徒に有利にならないようにする措置としては，画期的なものといえる。ただし，会議に慣れてくると，会議行動のシミュレーションをする人も多いので，参加する国の数と国名だけは明かしておくことが一般的である。

3　模擬国連会議の企画・運営について　　103

参加国（ABC順）

アフガニスタン	アルジェリア	アルゼンチン	オーストラリア	オーストリア
アゼルバイジャン	バングラデシュ	ベラルーシ	ベルギー	ボリビア
ボスニア・ヘルツェゴヴィナ		ブラジル	カンボジア	カナダ
チリ	中国	コロンビア	キューバ	
コンゴ民主共和国	エクアドル	ドミニカ	エクアドル	エジプト
エチオピア	フィジー	フランス	ドイツ	ガーナ
ギリシア	ハンガリー	インド	インドネシア	イラン
イラク	イスラエル	イタリア	ジャマイカ	日本
ヨルダン	カザフスタン	ケニア	クウェート	リビア
マレーシア	マリ	メキシコ	モロッコ	ミャンマー
オランダ	ニュージーランド	ニジェール	ナイジェリア	ノルウェー
パキスタン	パナマ	ペルー	ポーランド	ポルトガル
韓国	ロシア連邦	サウジアラビア	セーシェル	シンガポール
ソマリア	南アフリカ	スペイン	スリランカ	スーダン
スウェーデン	スイス	シリア	タンザニア	タイ
チュニジア	トルコ	アラブ首長国連邦		ウクライナ
イギリス	アメリカ合衆国	ウズベキスタン	ベトナム	イエメン
ザンビア	ジンバブエ			

オブザーバー

国際エネルギー機関(IEA)　　　国際労働機関(ILO)　　　国連工業開発機関(UNIDO)
ブリティッシュ・ペトロリアム　　ロイヤル・ダッチ・シェル

∧参加国とオブザーバー

提出期限を守ることの大切さと難しさ

　今回は参加申込の提出期限を 1 月31日としたが，この日は東京都や神奈川県の中学校入試解禁日の前日であった。そのため，学校によっては生徒と連絡が取りにくくなってしまい，提出が遅れるといったケースも発生した。すべての学校の予定を把握することは難しいが，締切日の設定にも注意が必要だと実感した。

　模擬国連では，会議前から様々な情報や文書のやり取りが欠かせない。参加登録後にも，国割りの発表やPPPの提出とその共有などの情報のやり取りが発生する。特にPPPの提出は遅れて提出されるケースがどの会議でも一定数存在する。その理由としては，①運営側のミスで受理されなかった，②参加者側のミスで期限に遅れてしまった，③メールサーバーなどの通信環境の問題で期限内に提出されたものが

受信できなかったなどが考えられる。②のケースについては，運営側に落ち度はないので，PPPの共有に間に合わなくとも仕方がない。しかし，①や③のケースはどんなに気をつけていても発生してしまうものであり，これによるPPP共有への掲載漏れをどう防ぐかは，会議を運営していくうえでの大きな課題となる。いずれにせよ，多くの会議ではこの作業を特定の生徒個人が担っていることを我々教員は忘れてはならない。場合によっては一人の生徒が100通以上のメールに返信していることもあり得る。人のおこなうことにはミスは付き物である。運営側の労力を鑑み，参加者側は寛大な気持ちを持って接することも大切である。

　いずれにせよ，より効率的でミスの少ない方法を考えていくことは，今後の模擬国連会議運営における大きな課題である。

ルールについて

　模擬国連のルールはいろいろなものが出回っており，学校や地域によって少しずつ異なる。いわば無数のローカル・ルールが存在するのが現状だ。本校の会議では，グローバル・クラスルーム日本委員会の作成している模擬国連マニュアルを使用している。理由は，現在存在する2つの大きな公式大会，全日本高校模擬国連大会とAJEMUNでは，いずれもこのルールを採用しているからである。また，毎年定期的に開催されている今回の会議は，そのながれをたどると，もともとは全日本高校模擬国連大会に向けての練習の場という意味合いが強かった。現在はその役割は薄れているが，それでも上記2つの大会を目標としている生徒は多い。

　言語は全日本高校模擬国連大会に従えば，公式討議（スピーチ）とDRは英語，非公式討議（モデレーテッド・コーカス，アンモデレーテッド・コーカス）は日本語となる。全日本高校模擬国連大会は，もともと今よりも英語の使用頻度が高かったようで，今でもDR説明は英語でおこなわれるなど，やはりある程度の英語力は求められる。

　一方で最近は，AJEMUNのように，日本語主体の大会も開催されるようになった。今後は，すべて日本語の練習会も増えていく可能性もあり，それも必要だと思う。そうはいっても，実際の国連の決議は英語であり，多くの議題では深くリサーチを進めようとすると英語の文献に必ず遭遇する。私としては，使用言語は両方のタイプ

3　模擬国連会議の企画・運営について　　105

の大会があっていいと思っている。ただし，リサーチを深めるためには英語力は必須だろう。それを実際に議論する場としては日本語だけの会議があってもいいと思うし，その方が模擬国連の裾野はもっと広がっていくはずである。

　大きな会議が増えてくると，今までローカルにおこなわれていたそれぞれの地域や学校でのルールが1つの会議のなかでぶつかりあう事案が発生してくる。私はこれを「模擬国連のグローバル化」などと呼んだことがある。現状，ルールを1つに統一することは難しい。基本は「郷に入れば郷に従え」である。その会議のルールに合わせていくことが大切だ。「自分の知っているルールと違う」といったポイントは，明らかに間違っている場合以外は，極力出さないようにするのがマナーであり，そのようなエレガントな行動のできる大使になってほしい。

▲アンモデ時の議場の様子

会議細則を決める

	1 日目（3/30）	2 日目（3/31）
受付開始	8時20分	なし（8時20分開場）
封筒にメモを入れる スピーカーズ・リスト登録	8時20分～8時50分	なし（1 日目のみ）
会議開始	9時00分	9時00分
賞の投票用紙回収	なし（2 日目のみ）	～12時00分
WPまたはDR提出	14時00分（WP提出）	13時30分（DR提出）
会議終了	15時30分	15時00分
記者会見	15時45分	なし（1 日目のみ）
レビュー	なし（2 日目のみ）	15時15分
授賞式	なし（2 日目のみ）	15時45分
最終下校	16時30分	16時30分

▲今会議のスケジュール

　会議の根本的なルールは模擬国連マニュアルに記載されているプロシージャーに則る。しかし，会議ごとにより詳細な約束事を決めておく必要がある。その役割を持つのが「会議細則」であり，ある程度はその会議ごとの裁量で決めることが可能である。特殊なルールを定めたい場合は，ここに記載すればよい。逆にいえば，会議細則がその会議の詳細なルールであるといえる。

　会議細則に書くべき内容は，①会議のスケジュール，②WPまたはDRの提出時間と提出条件，③1 回の公式討議でのスピーチの国数と時間，④モデレーテッド・コーカス，アンモデレーテッド・コーカスの時間，⑤その他，その会議で特に定めるルールなどである。

　①は会場（開催校）が何時から何時まで利用できるかで決まる。生徒を下校させる時間まで含めて逆算して，②の提出時間などの細かい時間を設定していくこととなる。

　②の提出条件とは，具体的には提出に必要な最低スポンサー数とスポンサー兼任の可否である。DRの最低スポンサー数は，フロント側が最大で何本のDR提出を想定するかによって決まる。例えば30カ国が参加する会議で 8 カ国以上と定めれば最大で 3 本のDR提出が，11カ国以上と定めれば最大で 2 本のDR提出が可能となる。

3　模擬国連会議の企画・運営について　107

WPは多くの場合，スポンサー兼任は可としている。本来WPは提出の義務を課す
ものではないが，最近は日程が2日間のいわゆる「2日会議」では，1日目は「WP
の提出」としている場合が多い。その理由は，会議難民をなくすことである。つまり，
初日にDR提出，2日目にDRのアメンドメント（修正案）の提出というながれであると，
初日にDRグループに入れなかった場合，2日目が会議難民となってしまい，ほとんど
行動ができなくなってしまうことを避けるための教育的措置である。WPであれば，提
出の条件が緩く，仮にそのグループに入っていなくとも，2日目にDRグループに属す
ることは可能である。

　③と④についても実際の会議時間と照らし合わせて決めることとなる。今会議の
会議時間は2日間で12時間半を設定した。これは，2日間の会議では標準的な
時間である。スピーチを多く回そうとすると，それだけ議論をする時間が短くなる。特
に今回のように80カ国を超える参加国がある場合は，スピーチをすべての国に回す
ことは事実上不可能である。今会議ではできる限り多くの大使にスピーチが回せる
ように，スピーチ時間は通常2分が多いなか，1カ国あたり1分30秒とした。

　⑤については，今会議ではいくつかの新しい試みを導入した。詳しくは下記の通
りである。

i　封筒を使ったメモ回しやスピーカーズリストの登録

　模擬国連会議でいつも混乱する，「初回のメモ回し」をスムーズにおこなうための工
夫である。通常の会議では，最初のスピーチが終わったあと，多くの大使が一斉に
メモ（ワーキング・メモ）を挙げる。これを回収・仕分けをして，相手の大使へ送り届
けるのが，アドミニの仕事である。しかし，特に会議冒頭は大量のメモが出回り，仕
分け・配布が追いつかなくなることが多い。その混乱を避けるため，今回は初回のメ
モ回しについては会議開始前に，フロント席付近に用意した宛て先国名の書かれた
封筒にあらかじめ入れておく形式とした。そして，会議開始後，アドミニがその封筒
を各大使に配布した。この形式はその後の会議等でも一般的になりつつある。

ii　サマリー（要約）の提出

　今会議では通常のWP・DRのほかに，その内容を日本語で要約したサマリーの提
出を義務づけた。これは参加国数が多いことの弊害をなくすための工夫の一つであ

る。参加大使数が多いと，どうしてもDRの中心となって議論している大使が限られてしまい，それ以外の大使が時間を持て余してしまう。そのため，少しでも多くの仕事を与えようと考えた工夫である。

iii 記者会見の導入

　今会議では，1日目の会議終了後に記者会見という新たな試みを導入した。主な内容は，1日目の会議の総括および会議行動の報告や，2日目にコンセンサスに向けてどのような会議行動をとるかという意思表示であり，各WPグループの代表者1名や会議の議長に対して質問形式でおこなった。質問をするのはアルジャジーラ（カタール），ガーディアン（イギリス），中国国営放送，CNN（アメリカ合衆国）など実在する各国のメディアに扮した本校の生徒である。記者会見の内容は本校生徒が記事としてまとめて，ホームページ上で公開した。

　メディアにはそれぞれの社風があり，主義・主張がある。様々な視点からの質問に受け答えすることで，大使たちは自分たちの意見や立ち位置を再確認することができる。議場を整理し，自分たちの行動が本当に国益に繋がっているのかを冷静に考え直す良い機会となった。この企画は非常に好評であり，参加した他校の先生方から多くの好意的な意見をいただけた。

　高校模擬国連では，スピーチや何回かのモデレーテッド・コーカス以外は，アンモデレーテッド・コーカスの繰り返しとなることが多い。そのため，引率教員や見学者などに議論の内容が伝わりにくい問題点がある。今回のよ

アメリカ、オーストリア主導で再生可能エネルギー推進へ

　アメリカは、3月30日に開催された国連総会第二委員会でオーストリア、ベルギー主導で提出されたワーキングペーパーに参加した。同ワーキングペーパーは再生可能エネルギーを支持し、資源ナショナリズムに反発する論調を取っているが、石油メジャーのSHELLや産油国のアラブ首長国連邦などからも支持を得ている。

ワーキングペーパー、膨らむ希望と広がる懸念

　ヨーロッパ諸国だけにとどまらず中東や日本、シンガポールと言った世界情勢に強いプレゼンスを持つ国が賛成しているこの文書がDRとして可決された場合の意義は大きく、持続可能な工業生産と消費の分野でアメリカがリーダーシップを発揮できる場が増加することも見込まれる。

　一方で、このワーキングペーパーにはいくつかの難点がある。まず、対立する可能性のある国が、全くと言っていいほど議論に参加していない。二日目の会議冒頭でこれらの国がこのワーキングペーパーに対してどのような反応を示すか掴めないのが第一の懸念である。また、このワーキングペーパーで打ち出された政策や声明のいくつかの実現可能性や論理的整合性が疑わしいのも事実である。発展途上国の中には文書内の曖昧な文言に疑問を抱いている国も少なからず存在し、二日目の会議は途上国に対する誠実な対応が求められる局面になりそうだ。

なぜコンセンサスを目指すのか

　二日目のコンセンサス達成には、まだ大きな壁がいくつも残されているが、各参加国の努力次第では十分に達成可能である。グローバル化が進む中、世界各国が歩調を合わせないと解決不可能な問題が増える一方である。「持続可能な工業生産と消費」も、この範疇に含まれるだろう。石油・石炭の枯渇が現実性を帯び、その環境への悪影響もクローズアップされ、世界各国の劣悪な労働環境が露呈していることを踏まえると、比較的に経済的な余裕のある欧米諸国主導で再生可能エネルギーの世界的供給法を模索し、労働者の人権保護に努めるのは必然とも言える。カギになるのは、世界各国の利益を保障し、どの国からも不満を出さずにそれを実行できるかどうかだ。そのためにも、この会議でコンセンサスが達成されることを切に願うのである。

▲記事の例

3　模擬国連会議の企画・運営について　　109

うな公式大会でない会議では，大使の輪に近づいて議論の内容を聞くことは可能だが，それでも外から見ているだけでは議論の内容を理解するのは難しい。そういった意味で，この企画は，私が常日頃から心がけていた「見ている人にも伝わる模擬国連」を体現するかたちとなったといえよう。

```
【Part3:  各論点に関する自国の政策】

1. 論点 1 に関するトップライン



2. 論点 1 に関するボトムライン



3. 論点 2 に関するトップライン



4. 論点 2 に関するボトムライン



5. 論点 3 に関するトップライン



6. 論点 3 に関するボトムライン



最重要視する論点：論点【　】（最重要視する論点の番号を記入してください）
理由：

```

▲今会議のPPPの一部

Ⓟ PPの共有

　PPPが提出されたら，それをまとめる作業をしなければならない。前述の通り，PPP共有のための事務作業は膨大な仕事量となる。今会議ではテクノロジー担当の生徒が大会専用のホームページを作成し，PPPの提出，共有もすべてこのホームページ上でおこなった。

　PPPには様々な情報が入る。そのなかで，どの情報を共有するかは事前に決めておく必要がある。今会議で共有した内容は，「各論点に対する自国の政策」である。参加者には，3つある論点それぞれについて，トップラインとボトムライン，そして最重要視する論点を理由も含めて記入してもらった。トップラインとはその国の国益を最大限に達成するための政策であり，ボトムラインとは譲歩することが可能な最低限のラインである。これらのうち，全体で共有したのはトップラインと最重要視する政策の部分である。また，それぞれ共有してもよい情報は黒字，共有してほしくない情報は赤字で記入してもらった。ボトムラインを共有してしまうと，その国の手のうちを明かすこととなってしまうので，通常は共有されない。

Ⓒ 議当日 ── 運営側が注意すること

　さて，ここからは実際の会議運営において，特にフロントメンバーが注意すべきこ

110　第Ⅱ部 ● 実践 practice

とをまとめておきたい。

　会議は基本的には事前に提示したプロシージャーや会議細則にしたがって進行していく。そのため，これらの内容をしっかり理解できていれば，議事進行で迷うことはそれほど多くはない。そうはいっても，事前に想定していなかったようなハプニングは必ず起こるものであり，そのときにどのような対応をできるかはフロントメンバーの力量にかかっている。

　前述の通り，議事進行の権限は基本的には議長に一任されているので，その責任は大きい。そしてその議長を補佐していくのが周りのフロントメンバーの役割である。議長を含め，フロントメンバーにとって大切なことは，常に議場のながれを読み，次の展開を事前に予測しておくことだ。会議によっては，アンモデ中にフロント生徒がずっと席に座っていて，ほとんど大使の議論を聞いていないケースもあるが，これはよくない。ひどい場合は学校の宿題をやっているフロントもいたりする。フロントメンバーが会議のながれを読めていないと，いずれは大使との間に溝が発生し，議事進行が立ち行かなくなってしまう。こうなってしまったら，その会議は成功とはいえない。

　では，議場のながれを読むとは，具体的にはどのようなことだろうか。模擬国連会議の最終的な目標はDRを提出することである。DRは国際社会への提言であるので，多くの場合，コンセンサスによる採決となることが望まれるし，今会議でもそれを1つの目標と定めていた。

　最初は小さなグループからスタートする。地域で固まる場合，同じような立場・政策で固まる場合などグルーピングの方法は様々であるが，最初のグルーピングがその後の会議展開に大きく影響していく。だからこそ，事前にPPPの共有などがおこなわれ，各国のスタンスを明確にしているわけだ。

　会議によっては，最初に議長提案で(または強制的に)グルーピングの方法やどの論点から話し合うべきかといったことを決めるためのモデをとることもある。特に大学模擬国連ではこの傾向が強いようだ。ただ，高校模擬国連では時間が限られていることもあり，このように，議論の方向性について議論するモデをとることは，あまり多くはない。

　フロントメンバーはその時々で，①今議場にはいくつのグループがあり，その構成

3　模擬国連会議の企画・運営について　　111

国はどのような国々で，何が話し合われているのか，②グループごとの議論の内容や中心となっている論点は何か，③それぞれのグループどうしの対立点はどこであるのかなどを俯瞰的に把握しておく必要がある。特に③のような全体にかかわる内容は，大使レベルですべてを把握することは難しい。

　そして，展開に応じて効果的な議長提案などが求められる。例えば，議場が混乱していると感じたら，議場整理のために各グループの話し合っている内容を発表してもらうモデを提案するとよいだろう。

　今会議では論点は３つあり，その内容も多岐にわたっていたため，すべての論点について平等に時間を割く議論は難しかった。議場では終始，論点１が中心に話し合われていた。特に石油や石炭などの化石燃料の利用に関する，「資源ナショナリズム」の問題が大きな対立点となった。

　このように，事前には想定していなかった方向に議論の中心が進んでいくことは往々にしてある。会議は生ものだ。だからこそ，整理する役割として，フロントメンバーの存在は大きい。

　また，フロントメンバーは常に毅然とした態度で会議に臨むことが大切だ。自分たちに自信を持って，焦らずに対応していく必要がある。ただし，「毅然として」といっても，明らかに間違った議事進行をしていたら，大使からの信頼は得られない。そのためにも，フロントメンバーはプロシージャーや会議細則に精通していなければならない。一方で，前述の通り，模擬国連には多くのローカル・ルールが存在する。参加する大使の側も，多少自分の知っているルールとは違っても，それを受け入れ，寛大な気持ちで会議に臨むことが必要である。

会議で生じたハプニング① —— スポンサーの重複

　これまでに述べてきた通り，いくら入念に準備していても，想定外のハプニングが生じてしまうのは仕方のないことである。今会議も終盤において，次のような事態が発生した。

　今会議では，最終的な提出期限である２日目の13時30分までに２つのDRが提出された。しかし，確認してみると，DRスポンサーのうち，９カ国が両方のDRに重複して

112　第Ⅱ部 ● 実践 practice

記載されているというミスが発生した。今会議ではWPはスポンサーの兼任を可としていたが、当然ながら、DRの兼任は不可である。これは模擬国連会議では絶対に気をつけなければならないことの１つだ。おそらく、提出期限が近づいた焦りから、DRのスポンサー国の確認がしっかりとおこなわれていなかったことが原因と考えられる。

　これに対しては様々な対応が考えられた。厳格な公式大会であれば、両方とも受理されない可能性は大いにある。しかし、今会議はあくまで学校主催の非公式なものであったため、私も含めてフロントメンバーで協議した結果、より建設的で教育的な解決策を提示することにした。実は、DRが２つ提出されたが、議場にはコンセンサスを目指そうとする雰囲気があり、もう少し時間があればそれも可能であるとフロントメンバーは判断していた。結果的に、次の２つの選択肢を議長提案として議場に示すこととした。

　結果的には、第１案に反対した大使がいたため、第２案が採用されることとなった。DR提出後に再度アメンドメントの提出を

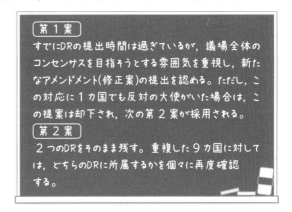

認めるということは会議細則には記載されていないことであり、一歩間違えると議場が荒れる可能性もあった。今回はフロントメンバーの生徒たちが議場をよく観察したうえでの提案であったため、私は彼らの提案に賛同したが、このような事態が発生したときは、場合によっては教員が積極的に介入し、議場の混乱を収める措置も必要である。

会議で生じたハプニング② ── 対立DR

　模擬国連には、「対立DR」という概念がある。対立DRとは、複数のDR間で明らかに矛盾した文言が存在する状態のことである。この場合、もしいずれのDRも採択されることとなると、相互に矛盾する２つの文言が国際社会に存在する事態となっ

てしまう。そのような事態を避けるため、一方が可決されれば、もう一方は自動的に否決されるという対応をとることが一般的である。ただし、グローバル・クラスルームの模擬国連マニュアルには対立DRの記載はなく、高校模擬国連においては、その対応に統一的な見解が存在していないのが現状である。

　今会議では、DR.1の投票が終わり、賛成多数で可決されたあと、ケニア大使の生徒から、「DR.1とDR.2は対立DRではないか」というポイントが挙がった。具体的にはDR.1の主文1には、「各国の自国領域内に存在する天然資源の採掘権を強く断言する」とあるのに対し、DR.2の主文10には、「エネルギー資源の生産と共有の安定化のために過度な資源ナショナリズムへの対応策を示す」とあった。

　前述の通り、今会議の主要な対立点は「資源ナショナリズム」への対応であった。「資源ナショナリズム」とは、石油などの天然資源を保有する発展途上国が、先進国に握られていた採掘権などの資源に対する主権を回復し、自国の利益のためにその生産量や輸出価格などの決定を自らがおこなおうとすることである。有名なところでは石油輸出国機構（OPEC）の結成理念となった概念である。もともとは先進国が資源の採掘権や、その利益を握っていたことに対抗するための概念であったが、今会議では資源の乏しい先進国が自国のエネルギー安全保障のために、過度な資源ナショナリズムは規制したいとする意見でまとまっていった。もちろん、専門的な見地から考えれば様々な意見が存在し、そう簡単に結論のでる問題ではないのだが、あくまで高校生の議論した内容という点でご了承いただきたい。

　さて、上記の文言に対するフロントメンバーの見解は、DR.1では資源ナショナリズムの権利を強く主張しているのに対し、DR.2は「過度な」資源ナショナリズムを規制しているものであり、あくまで資源ナショナリズム自体を否定しているわけではないというものであった。よって、対立DRではないと判断し、そのままDRの投票に移った。

表彰について

　模擬国連に表彰は必要ないのかもしれない。そういう意見も多く聞かれる。実際に模擬国連会議の結果には特定の勝者は存在しない。もし、どこか特定の国の国益のみが強調される決議となれば、同時にそこには国益が無視された多数の国が存

在するわけで，その会議は国際協調という視点からみて失敗である。目指すべきものが国際的な利益か国際協調である以上，多くの国にとってwin-winの関係となる決議が出されることが理想である。

　そうであるならば，その議場をリードし，国際協調に最も貢献した大使を評価する具体的な基準を設定することはできる。しかし，実際には100名規模の会議で，すべての大使の会議行動を数名の審査員が把握することは不可能だ。どうしても審査員の主観や先入観が入ってしまい，誰もが納得がいく表彰をすることは難しい。もしかしたら，審査員の目に入らない場所で効果的な活躍をしていた大使がいるかもしれないし，逆もあり得る。また，「目立つ」ことによってそれが審査員に悪い印象を与えてしまう可能性もある。

　それでも，私は賞の設定自体には賛成である。かつては学校主催の会議で表彰はほとんど実施していなかったが，以前，とある小さな会議で本校の生徒が簡単な表彰（バラの造花をもらった）を受けたことがある。このときのその生徒の嬉しそうな表情は今でも鮮明に覚えている。このとき私は，会議の大小や公式大会であるかどうかにかかわらず，自分の活躍が評価されれば誰でも絶対に嬉しいはずだと感じた。表彰を受ける可能性のある場をもっと増やしてあげることは，生徒にとっても必ずプラスになるはずだ。

　今会議では，前述の通り，大使間投票を実施した。この方式は透明性といった点では優れているが，もちろん多くの問題点も含んでいる。例えば，賞の投票を交渉の材料に利用することもあり得る。公式会議・非公式会議にかかわらず，表彰方法をどうしていくかは，今後議論を重ねていかなければならない課題である。

会議後はレビューをしよう

　今会議では時間の制約から，十分な時間がとれなかったが，模擬国連会議では，必ず会議の終わりにレビューをおこなう。方法はいくつかある。最も一般的なものは，フロントからの指名，または挙手制によってあてられた大使が感想や良かった点，反省点などを述べる方法である。また，提出されたDRのグループでまとまり，グループ内でレビューをおこなう方法もある。また，以前おこなったことがある方法として，ペ

3　模擬国連会議の企画・運営について　115

ア間やグループ内において，悪かった点にはふれず，必ず褒める，というものもあっ
た。これは，何となく場の雰囲気が和んでくるので，なかなかお勧めである。

　レビューの意味は，①自国や自分の所属したグループの会議行動を振り返り，よ
かった点，反省すべき点などを明らかにすること，②他国や他のグループのレビュー
から，参考になる点を吸収すること，③フロントと参加大使との間で会議の評価を
共有することなどが挙げられる。

　今会議では，時間の関係上，当日の会議後に各大使に発言してもらうようなレ
ビューをおこなうことはできなかった。そのため，各大使にレビューシートを書き，
メールで提出してもらい，その内容をまとめたものを，後日ホームページにて共有し
た。それ以外にも，フロント生徒から参加生徒に向けてのレビュー，賞の選定理由
なども共有した。また，私(顧問教員)からも，参加生徒，フロント生徒それぞれに
向けて，レビューを作成した。このように，会議にかかわった様々な立場の人間が，
それぞれの視点からレビューをおこなうことはとても大切なことである。こういった文
化が根づいていることは，模擬国連会議の誇らしい側面であると感じる。

模擬国連会議の意義とは

　模擬国連は社会の縮図である。

　この会議の終了後，参加大使に向けてのレビューで，私はこのような表現を使っ
た。多くの人が集まって，1つの何かをつくりあげる。これはまさに，実際の社会で
日常的におこなわれていることだ。それは国際政治や企業活動のような大それたも
のではなく，町内会の集まりでも，家族でも，友達どうしでも，我々は常に，話し
合って何かを決めているのだ。我々の住むこの社会には，常に何らかの課題や対立
が存在する。人はその解決に向けて，一致団結し，解決策を見つけだしていく。

　「模擬国連はディベートとは違う」とよくいわれる。ディベートは相手を論理的に打
ち負かすことに目標があるが，模擬国連は協調に目標がある。私は，以前会議のレ
ビューで「1カ国でも不満を持つ大使がいたら，その会議は失敗だ」といったことが
ある。これは，ある意味真理だと思っている。逆に参加した大使すべてが「自国の
国益が達成できた」と感じられる会議はよい会議といえるだろう。

これまで述べてきたように，1つの会議をつくるためには，本当に多くの生徒や教員の手が必要であり，準備のために膨大な時間が費やされる。その努力が，わずか2日間(または1日間)の会議のなかに凝縮される。模擬国連会議を運営できるような高い能力のある生徒なら，もっと簡単に短期間で賞の得られるコンテスト類があるかもしれない。もし，コストパフォーマンスだけを考えるならば，模擬国連はやめた方がいいのかもしれない。それでも，高校生活の貴重な時間をこの活動に費やすことは，得られた称号以上に価値のあるものであると，私は信じている。そして，会議を運営するということも，経験した人にしかわからない苦労とその結果得られる財産がある。この喜びが少しでも多くの学校で共有されていくことを願い，このテーマの結びとしたい。

4 英語教育における模擬国連の授業実践

埼玉県立浦和西高等学校　柿岡　俊一

英語ディベート教育と模擬国連

　まず最初に，この両者を混同している先生方も多くいらっしゃるので簡単に説明しておく。私は，英語ディベートに長年携わり，高校生英語ディベートの全国大会にも何度か出場して驚くほどの英語力を持った高校生を多くみてきた。さらに，ディベートと模擬国連を両立し，両者において素晴らしい結果を出したスーパー高校生たちにも会った。たしかに英語力を伸ばすという点において，ディベートの効果は他の類をみない。

　高校におけるアカデミック・ディベートは，ある1つの論題についてリサーチをし，立論・アタック・ディフェンス・サマリーというように，4人1組がそれぞれの役割に応じて相手チームと議論するものである。各チームは肯定側と否定側に分かれ，相手チームを論破する。アカデミック・ディベートはそれぞれの役割が決まっているため，事前の準備が可能であり，同じ論題で何度も何度も練習を繰り返すことでスキルを上げることができる。また，即興ディベートというものがあり，それは試合直前に論題を与えられその場で議論を展開するものだが，即興で相手と英語の議論を交わすため相当な英語力が要求される。どちらも英語力を伸ばすには素晴らしい効果を期待できるのであるが，最終的には勝敗を決めるため気持ちよく終わるとは限らない。なぜなら高校生たちは勝つために必死になり，勝負に負けると涙を流すことも珍しくないからである。本来，ディベートは相手を言い負かすことを目的としたスキルではないが，競技ディベートに限っていえば常に勝敗がかかわってくるために尻込みしてしまう高校生も多いのだ。だがそれがディベートの醍醐味でもある。

　一方，模擬国連は，2人1組で割り当てられた国の大使として，国連という場で国益を考えつつ，世界の平和を目指して議論するものである。優れた交渉力と分析力によって，多くの国の大使が納得のいくかたちで決議案（DR ⊕ 用語解説 ）をつくりあげて，採決に至るものである。模擬国連では勝敗はなく，人類の平和を希求するという共通の大きな目標があるのみである。

118　第Ⅱ部 ● 実践 practice

アクティブ・ラーニングという視点で両者の活動をみてみると，模擬国連は問題解決学習であり，その活動のなかでディベートやディスカッションのスキルが要求されるという位置づけになる。果たして，教室でおこなう活動において建設的なのはどちらであろうか。模擬国連の場合，1クラス40名としても20カ国で議論できるし，仮に1学年360名規模であっても180カ国にすれば一斉に議論できてしまう。この授業の狙いは，世界で起こっているさまざまな問題に目を向けさせることであり，同時に人類の平和を希求するものである。ただし，それをすべて英語でおこなうということになると相当ハードルが高くなってしまい，授業で実施することは不可能である。ここでは，身近なところから模擬国連的な活動へ導くための授業例を紹介する。

授業実践例

　先生方は，通常の英語の授業案を考える際，どのように組み立てているだろうか。また，扱う教材はどうしているだろうか。目の前にある1つの教材ですべてを完結していないだろうか。それでは建設的な授業を展開するのは難しいであろう。私は複数の教材を組み合わせて授業を展開している。また授業案を考える際，それぞれの活動のテーマを設定しているだろうか。授業を料理に例えれば，まずつくる料理を決め，食材つまり教材集めに入るだろう。美味しい料理をつくるのはシェフである教員の役割であり，時には隠し味なるものがアクセントとなるのである。ここでは私が実際に授業で扱っている「環境問題」をテーマにした授業実践例を紹介する。

ⓐ 聞き取り練習（Listening Drill）

　教材は豊富にあるが，生徒に少しでもこの授業が受験勉強にも繋がることを意識させるために『英文で覚える英単語ターゲットR』（旺文社）や『速読速聴・英単語』（Z会）などを使い，穴埋め形式やディクテーション形式にしておこなう。これらの活動により，環境に関する語彙力強化が図られる。

ⓑ 読む題材（Reading Articles）

　読み物としては生徒のレベルに応じた教材が考えられるが，私の場合，易しいものと多少難易度の高いものを両方読ませ，フレーズ等の確認をおこなう。時には新聞記事を読ませ，速読力やスキミング力をつける練習をする。ここで重要なのは，内容を捉えることに重点を置かせ，細かいことは問わないことである。最後にALT（外国語指導助手），留学生，生徒たちに感想や意見をいわせる。だが意見を求めると，留学生たちがそれぞれに自分の意見をしっかりといえる点が，日本の高校生との顕著な違いとなってあらわれることが多い。

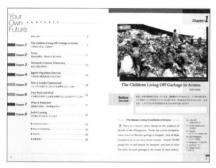

▲Your Own Future（いいずな書店）　　▲Expressways Ⅱ（開隆堂出版）

ⓒ 相互交流（Interaction）

　私は"Bridging Cultures"（金星堂）という教材を使っている。右に授業で使う部分を抜粋しておく。この活動により，批判的思考（critical thinking）が養われ，最終的な模擬国連的活動（student summit）に向けての基礎づくりにな

▲Bridging Cultures（金星堂）

るだけでなく，ライティングのための素地もできあがる。なぜなら，ライティングのスキルを上げるためには，あるトピックに対し自分の意見を持つ習慣をつけることが必要不可欠だからである。

ⓓ ミニディベート

　いきなり英語で議論をすることは帰国生でもない限り不可能である。議論する力をつけるためにはまず，自分の意見を持てなくてはならない。普段受け身で授業を受けることに慣らされている日本の高校生に一番足りない点である。つまり前述の通り，教員側は相互交流（interaction）させることによって議論できるような素地をつくる必要がある。その際，自ら意見をいいたくなるような仕掛けをつくることが重要だ。自分の意見を持てずに英語を話すことなど不可能なことは，日本語に置き換えても同じことがいえるはずである。つまり，日本語でもいえないことをほかの言語でいうことなどさらに難しい。念のため確認しておくが，私がここでいう英語力とは，ショッピングするとかレストランの予約をするというレベルの英語力ではない。それならば町の英会話学校で十分事足りる。日本人に求められる英語力とは，相手の話を聞き，それに対して自分の見解をしっかりといえる力を意味している。私は，授業でおこなうミニディベートの際は，4人1組をつくり，2対2で肯定側・否定側に分かれ，8分間のディベートをさせる。持ち時間は1人1分間で，Affirmative 1（肯定側）▶ Negative 1（否定側）▶ 準備時間 ▶ A2 ▶ N2 ▶ 質問 ▶ 自由討議（Free discussion）という8分間のディベートを何回かおこなう。最近広がりをみせるTEAP（Test of English for Academic Purposes：技能型英語資格試験）受験などにはこの活動はとても有効なものである。授業の最後にはクラス全体で投票し，肯定側・否定側の数を数えて終わる。授業を見ていただければ明白であるが，生徒たちはとても楽しそうに授業に参加している。

　また授業では，ロールプレイング（Role playing）もおこなっている。例えば，「寝坊して遅刻して宿題を忘れた生徒と強面の先生」という状況を設定し，生徒に「何とか先生に言い訳をしなさい。とにかくこの場を乗り切りなさい。」と指示して2分間のロールプレイングをおこなうのだが，生徒たちは大変盛り上がる。この活動は，交渉力（Negotiation skill）を伸ばす練習になる。

ⓔ 模擬国連的な活動

　いよいよ最終段階の模擬国連的な活動に入る。もちろん教室で簡単におこなうものなので，本格的な模擬国連活動ではないが，英語の授業のゴール設定としては

理想的な活動である。以下に紹介するのは"Empathy"（教育出版）という教科書であるが，残念ながらこの教科書はすでに廃版となってしまった。私がかつて大変お世話になった松本茂氏（現立教大学教授）が執筆にかかわったものであるが，この教科書の最後の章ではミニ模擬国連的な題材が採用されている。私は今もそれを使わせていただいている。

　114，115ページで環境問題が扱われているのだが，4技能を伸ばす仕組みが仕掛けられている。それは生徒が4カ国の大使になり，それぞれの国益を主張して相手国と交渉を進めていく形式になっている。生徒たちには書かれていること以外にリサーチをして英語の準備をしてくるように伝えておく。会議当日は，生徒たちは一生懸命自国の主張をし，相手国の主張を聞き，解決策（solution）を模索している。もちろん普通の高校生のレベルで，激論を戦わせるほどの英語力には到底およばないが，高校生がここまで自分たちで考えて英語で議論できれば十分な成果があったと感じている。なぜなら，4月段階では自分の意見など何もいえなかった生徒たちが，この時点では2分以上話し続けることができているのだ。「なんだその程度か」と思わないでほしい。一般的な高校生の英語力を考えてみた場合，ストップをかけるまで話し続けているのをみれば，それでも相当な進歩といえる。

　最後にもう1つ使用している教材を紹介する。"HIGHLIGHT"（Heinemann）という教材であるが，もう30年近く前に手に入れたものである。そのUNIT 5のA Good Ideaの題材は環境問題なのであるが，30年経った今でもほとんど遜色なく使用できる点で素晴らしい教材といえる。この教材には，4技能がしっかりと組み込まれているだけでなく，きちんと文法の理解を徹底させている点が注目に値する。つまり，英語を学んでいるのは日本人だけではないのであるから，あらゆる英語圏以外の外国人が理解を深められるようにテキストがつくられているのだ。日本の英語教科書に足りないところがあるとすれば，そのような視点であろう。

　一般的に，模擬国連というと社会科の分野だと思われがちだが，英語の授業のなかでいかにその要素を組み入れて授業を展開するかを紹介した。もちろんここで紹介したのは本格的な模擬国連活動ではないが，私としては，身近な教材を使えば英語でディスカッションするためのスキルアップに繋がるということを伝えたかったの

である。要するに，アクティブ・ラーニングとしての模擬国連の活用と考えていただきたい。

高 等学校学習指導要領解説にみる英語教育と模擬国連

高等学校学習指導要領解説の第2章第5節「時事英語」には以下のように書いてある。（以下抜粋）

> 「時事英語」では，新聞，雑誌，テレビ番組，映画，情報通信ネットワークなどの様々なメディアによる情報を教材とする。また，題材は，英語が第一言語である国に関するものから，全世界，地球規模のもの，ニュース，天気予報から料理番組，ドラマなどまで，多様な話題にわたる。また，文字によるもの，音声によるもの，映像によるものなど表現方法も様々である。
>
> したがって，教材としては，書かれている英語の分量や話される英語の速度などからみて，平易なレベルのものから非常に難しいものまで幅広い題材が想定されるので，同じテーマについて異なったメディアを活用したり，教材の分量や程度，速度などに留意したりするとともに，生徒の興味・関心や習熟の程度等に十分配慮して指導することが必要である。
>
> また，内容面では，日常生活，社会生活，風俗習慣などを含む外国の文化，地理・歴史，政治経済，伝統文化，科学技術などの外国の事情及び異文化を扱うことから，地理歴史科や公民科をはじめ他の教科等の内容と深く関連することもあるので，「他の教科等との関連にも配慮する」よう示している。
>
> （網かけ筆者）

アクティブ・ラーニングに関しては以下のように書いてある。（以下抜粋）

> 教員による一方向的な講義形式の教育とは異なり，学修者の能動的な学修への参加を取り入れた教授・学習法の総称。学修者が能動的に学修することによって，認知的，倫理的，社会的能力，教養，知識，経験を含めた汎用的能力の育成を図る。発見学習，問題解決学習，体験学習，調査学習等が含まれるが，教室内でのグループ・ディスカッション，ディベート，グループ・ワーク等も有効なアクティブ・ラーニングの方法である。
>
> （網かけ筆者）

以上のことからもおわかりの通り，ここで紹介した授業例は，英語力を伸ばすという大義はもちろんのこと，変革しつつある大学入試制度や広がりつつある英語資

4 英語教育における模擬国連の授業実践 123

格試験取得への対応のみならず，世界平和を自分たちのこととして考えるきっかけになるような授業の一例である。

Ａ　ALTとのチームティーチング

　最後に，チームティーチングの形態についてふれておきたい。チームティーチングが始まってすでに30年以上経つが，チームティーチングの形態について疑問を感じることが多い。私もこれまで，さまざまな研修に参加し，数えきれないほどの授業を見てきたが，日本人教員とALTとの立ち位置はどのようになっているだろうか？　立ち位置とは，例えばよくあるのがALTの先生が日本人教員をサポートする形態，または完全に依存する形態である。私は，それをチームティーチングと呼ぶのかどうか常々疑問に感じてきた。言い換えれば，ALTが日本人教員の英語力不足を補ってもらうためにだけ教室にいるようにみえる。もちろん，そういう側面もあることは事実であるし，こんなときどうやって英語で表現するのだろうという疑問は次から次へと出てくる。そういう点はネイティブスピーカーに聞くのが一番である。ただ，私の場合少し視点が違う。日本人教員とALTの立場は対等である。もし，クラスに留学生がいる場合には，3者は同じ目線に立っている。例えば，「僕は〇〇についてこう考えているのだけど，あなたはどう思う。留学生Aさんはどう考える？」「日本では多くの日本人がこう考えているけど，あなたの国の人たちはどう考えている？」というように，意見や考えを求めることは日本人をサポートする立ち位置とは違う。もし2人の意見が対立する場合，教室のなかではすでに議論が生じているのである。それをほかの生徒たちに問いかける。「我々2人の見解が違っているんだけど，君たちはどう思うかな？　Bさんどう思う？」「C君はどう考える？」と。時にはわざと反論し議論を巻き起こす。ALTを説き伏せてしまうこともある。そんなとき，生徒たちはびっくりする。なぜなら，英語でネイティブスピーカーを論破してしまったからである。もう一度確認しておくが，そこには対等の関係があり，留学生や生徒もまた同様に意見を求められる。これがこれから必要となる交渉力の基礎づくりになると考える。

　本来議論というものは事前に準備できるものではないだろう。教室においてどう議論が展開していくか予想などできないからである。その場でお互いの意見を言い合

124　第Ⅱ部 ● 実践 practice

い，時には意見がぶつかり，それを生徒たちにも考えさせるのが本当の議論ではないのだろうか。本校のALTは私の授業がほかの授業とは違うという。もちろん自分がすごい教員だと思ってはいないが，英語を使った授業がどうあるべきなのかを模索しながら今日まで取り組んできたことを理解していただければ光栄である。私は，日本人の発話力を高めるようなチームティーチングの普及がまだまだ進んでいないと感じているが，それには日本人英語教員の意識改革が急務であることをこれまでもずっと様々な場面で主張してきた。そして，そういう授業こそ大学入試においても大きな力となって発揮されることを実証してきたつもりである。昨今の英語資格取得の広がりや4技能重視が声高らかに謳われていることを考えると，4技能を伸ばす授業展開をもっと広げていかなければならないだろう。

模擬国連を通じてみえるもの

　英語科教員として模擬国連にかかわってきて感じることは，模擬国連は教科の枠を超えた活動だということである。本来，1つのテーマについて議論を進めていけば，自ずと他教科の先生とのコミュニケーションが要求される。また，それは異なった視点からの考え方にも気づくきっかけとなる。多くの先生たちから知恵を授かり，アドバイスをもらい，多くの資料に目を通し，リサーチに明け暮れ，そうして，ほかの高校生大使と交渉するプロセスを経て生徒たちが大きく成長していくこの活動は，指導要領に則った理想的な活動である。今後少しでも多くの先生方に模擬国連に興味を持っていただき，各地域，各学校でこの活動の輪が広がっていくことを切に願ってやまない。

4　英語教育における模擬国連の授業実践　　125

5 玉川学園の模擬国連

玉川学園中学部・高等部　後藤 芳文

　本校は，幼稚園から大学・大学院まである一貫校である。1学年6クラス約240名で，そのうち1クラスはインターナショナル・バカロレア（IB）のクラスとなる。模擬国連への取り組みは，国際学級としてのIBクラスに模擬国連のクラブができた10年前にさかのぼる。放課後を中心に，任意で生徒が集まり，他校の生徒を呼んで会議を開いていた。その活動に触発されて，6年前に普通クラスに授業を開講した。学年，クラス限定で始めた授業だったが，今はスーパー・グローバル・ハイスクール（SGH）のプログラムの1つとして中学3年生から高校3年生まで対象を広げ，放課後に自由選択講座として設定してある。2018年度は，高校1年生，高校2年生の26名が履修している。

　通年で週2コマの授業であるが，その授業での取り組みの集大成として毎年2月に他校の生徒を招いて150名規模で模擬国連会議を実施している（以下，2月会議とする）。授業履修者のなかから任意で運営したい生徒を集め，議題，会議設定の決定，議題概説書（BG ⊙ 用語解説）の作成，会議の準備，当日の運営に取り組ませている。2018年度で5回目の実施となる。

　これまでの2月会議で扱ってきた議題は以下の通りである。

```
第1回  核軍縮
第2回  難民問題の恒久的解決
第3回  児童労働の撤廃
第4回  寒冷化状況における食料安全保障
第5回  イラク戦争後の平和構築
```

126　第Ⅱ部 ● 実践 practice

本校では，模擬国連は，世界にどういう国際問題があるのかを知り，会議への準備と会議自体を通してその問題の本質と構造を把握し，国際社会のなかでどういう解決策があるのか模索することを狙いとしている。いうまでもなく，国連で扱われる国際問題は世界の各国の立場や利害が交錯した複雑な問題で，一筋縄では解決できない問題である。そういった問題を授業のなかで論点を替えながら3度ほどの会議を開き，各会議のなかでは生徒に異なる国の大使を務めさせ，異なる様々な視点から1年かけて追究している。その間，フロント●用語解説の練習も兼ねる。

逆向き設計

　模擬国連という教育活動はほかの教科学習と異なり，初めて取り組む生徒が多い。ほかの教科ではこれまでの経験から，どういう学習活動が展開され，どういう課題やテストが課され，どういう評価がつくのか予想がつく。しかし，模擬国連の場合，この予想がつきにくい。また，要素として組み込まれている活動やその活動を通して育成したい力が多岐にわたるので，授業としてこれを取り扱う場合，どういう学習目標なのか，どう評価されるのかを事前に生徒に周知しておく必要がある。授業担当者としても，すべての活動が終了したあと，どう評価するのかを検討したのでは，収拾がつかなくなる。ほかの教科で実施できるペーパーテストを課せないということも，授業担当者としては，評価の際にとまどうところである。

　そこで，逆向き設計とパフォーマンス評価の組み合わせで授業計画を立てることとした。逆向き設計だと評価を先に決めてから学習計画，授業というながれになるので，生徒は何を目指せばよいか理解してから授業に入れる。また模擬国連は，様々な知識やスキルを総合して活動するので，パフォーマンス評価を使うことが妥当であろう。まず，カリキュラムの「逆向き設計」とは，①望ましい結果（目標指導）を明確にし，②確認できる証拠（評価方法）を決定してから，③学習経験と指導の計画を立てるというものである。結果から設計を始めるという点，あるいは，指導計画の前に評価の構想をおこなうという点が，従来のカリキュラム設計とは逆になっているためこう呼ばれる。

　模擬国連の場合，この①②③に該当するものは次のようなものだろう。

5　玉川学園の模擬国連　　127

> ①望ましい結果…自国の立場や国益を理解しつつも，自国の国益だけでなく国際益をも同時に得られる政策を立案し，国際社会でのコンセンサスを得る。
> ②確認できる証拠…ポジション・アンド・ポリシー・ペーパー(PPP➡ 用語解説)，スピーチ，会議行動，決議案(DR➡ 用語解説)。
> ③学習経験と指導の計画…リサーチや政策の検討を含めた会議準備のあと，会議を実施し，レビューする。

さらに詳しくみていこう。

「逆向き設計」論では，人間の知は，図1に示したような構造で身につくと考えられている。

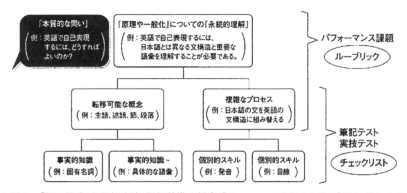

▲図1 「知の構造」と評価方法・評価基準の対応(『パフォーマンス評価で生徒の「資質・能力」を育てる』より引用)

最も低位には，「事実的知識」や「個別的スキル」がある。たとえば「難民問題」を単元で扱った場合は以下のようになる。

> 事実的知識…難民・国内避難民・移民・難民キャンプ・第三国定住・本国帰還など。
> 個別的スキル…関連する情報を探す，読みながら要点をまとめる，スピーチ原稿を書く，相手に自分の主張を話す，相手の主張を聞き取るなど。

これらは，知っておく，あるいはできるようにしておく価値はもちろんあるが，それだけでは模擬国連の会議のなかで，あるいは現実の国際社会のなかで使いこなせることにはならない。そこで，より重要な知識やスキルとして「転移可能な概念」や「複

雑なプロセス」がある。

> 転移可能な概念…人権・人道支援・社会統合・人間の安全保障・国家としての責任など。
> 複雑なプロセス…政策を立てる・交渉する・DRをまとめる。

　これらは様々な状況や文脈で活用できるので，より重要である。たとえば「人権」
は，難民問題だけではなく，児童労働問題やジェンダーフリー問題，平和構築問
題，経済開発問題などの文脈でも重要な概念となっている。個別具体的な難民問
題で学んだ「人権」という概念は，ほかの分野でも転移させて活用できるのである。
　さらに，ある問題に対して継続して探究できるような力を身につけさせるためには，
知識やスキルを関連して総合していけるような「原理や一般化」についての「永続的
な理解」が必要とされている。この「原理や一般化」とは何だろう。これを考える際
有効なのが，「本質的な問い」を授業担当者が設定することである。難民問題にお
ける「本質的な問い」は，「難民問題とは何か」「どうすれば難民問題は解決できるか」
であると思われる。問題解決が国連と国際社会の最終的な望みだからである。
　そもそも難民問題とはどういう問題なのであろうか。まず，難民は生命と人権を
脅かされているので，難民の生命と人権を守ることが求められている。その生命と
人権を守るのは通常国家であるが，難民の出身国の国家はその責任を果たせない
でいる。ここで確認したいのは，人間には生命と人権を守られるべきであるという「人
間の安全保障」があり，国民の生命と人権を守るのは国家である，という原理であ
る。しかし，それが国家によって保障されない場合，どういう原理が代替されるので
あろうか。実は，難民条約という原理があるのだが，成立した1951年当時の時代
状況が背景にあるこの難民条約は，現代の難民に対応しきれていない。たとえば日
本は難民条約を最も厳しい基準で運用している国で，諸外国に比べると受け入れの
人数は驚くほど少ない。したがって，難民の生命と人権を守る原理としての難民条
約も不十分なのである。このように難民問題とは，国家や条約が原理として機能し
ていない状況で，難民が求める本国帰還や第三国定住に向けて国際社会がどう新
しい原理をつくっていくかという問題なのである。
　したがって，「どうすれば難民問題は解決できるか」は，国際社会が難民の生命と

5　玉川学園の模擬国連　　129

人権を守る新しい仕組みをつくること，と理屈のうえでは結論づけられる。そして，この理屈（原理）は，ある特定の具体的な事例にのみ適応されるのではなく，ほぼすべての事例に一般化できる性質のものである。この一般化の適応をもって，この原理は「永続的な理解」として認められるはずである。

このように「本質的な問い」に対する答えにあたるのが，「逆向き設計」論における「原理や一般化」であり，この「原理や一般化」（「永続的な理解」）を様々な知識やスキルを用いて導き出すことが，模擬国連の授業の取り組みの帰結としての「望ましい結果」になる。

難民問題が議題の場合，次のようになる。

> 原理や一般化…難民問題は，難民に生命と人権を保障し，本国帰還や第三国定住に向けての新たな仕組みを国際社会が生み出すことで解決できる。

このように，「望ましい結果」としての到達すべき指導目標を設定できたあとは，「確認できる証拠」にもとづいた評価方法を考える段階になる。

その前にここで，この模擬国連の学習経験がもたらす能力を考えてみたい。なぜなら，これを考えることで模擬国連の持つ意義を確認できるからである。その際，スキルやプロセスが単にある「原理や一般化」の「永続的な理解」に結びつくだけではなく，ほかの文脈でも活用できる汎用的な能力の育成に寄与するのではないかと考える。

> 個別的スキル…関連する情報を探す，読みながら要点をまとめる，スピーチ原稿を書く，相手に自分の主張を話す，相手の主張を聞き取るなど。
> 個別的スキルが育成する能力…リサーチ力，読解力，表現力，分析力
> 複雑なプロセス…政策を立てる，交渉する，決議案をまとめる。
> 複雑なプロセスが育成する能力…創造力，交渉力，判断力，批判的思考力

模擬国連がほかの教育活動と大きく異なる点は，大変創造的であることである。遅々として解決に向けて進まない問題が多いなか，高校生が斬新な視点を生み出して国際社会が見出していないような新たな解決策が提案されることもある。

130　第Ⅱ部 ● 実践 practice

また，交渉の際には実に様々な能力が発揮される。自らの意見を明確に伝える力はもちろん，正確に相手の発言を聞き取りつつそのポイントをつかみ，自分と相手の意見の共通点や相違点を見出し，どこに交渉の余地があるかを判断し，建設的に交渉の土俵と皆が受け入れられる解決策を提示していく。そのためには，自分の意見に固執するのではなく，相手の立場や利害を尊重しながら，多角的に様々な要素を検討する批判的な思考が必要となる。

　また，資質も同様に育成することができるだろう。このことを考える際に比較できる教育活動がある。国語科や社会科で主に使われるディベートである。ディベートは，ある論題について肯定側と否定側に分かれて議論を戦わせる活動である。模擬国連と共通して育成できるスキルや能力も多いが，決定的に異なるのはコンセンサスへの意識である。ディベートは，そもそも議論が平行線をたどることを想定している。その想定のもと勝敗を決するのであるが，模擬国連はそういう意味での勝敗はなく，目指すべきはすべての会議参加国が認めるDRを採択することである。実際の国連でも，かつての冷戦下の機能不全の状態を脱し，今は7割の案件がコンセンサスで採択されている現状がある。

　このコンセンサスへの志向は，参加する生徒に何をもたらすであろうか。生徒は，担当国を与えられて，政府の代表として会議に参加する。当然国益を害するような決議案には，断固として反対しなければならない。だが，国益を死守することだけにこだわると，国際社会からは孤立してしまう。これも，国益を減じることに繋がってしまう。したがって，国益と同時に国際益も追求せざるを得ない。ほかの参加国と良好な建設的な関係を築き，協調性を保ちながら協働してDRに様々な意見を集約していく。各国大使が，国の枠のなかにいながらその枠を超えてグローバルな視点から問題解決に向かう姿は，まさにこの模擬国連の教育意義の最たるものだと考える。

パフォーマンス評価

　模擬国連活動は，様々な知識やスキルを総合して活用することを求める点で，複雑な課題（パフォーマンス課題）なので，一般的にはルーブリックを評価方法として用いるのがよい。

ルーブリックのよいところは，事前に配布することで，どういう点が評価されるのかを生徒が知ることができるところにある。特に模擬国連のような複雑な活動の場合，生徒が事前に評価のポイントを知ることは，生徒の活動を散漫なものにすることを防ぎ，教員が設定した意図を意識した活動を生徒にもたらす効果がある。

　また教員にとっても，生徒の活動をどういう風に把握すべきかを明確にする効果がある。そのことで，主観的な印象評価の側面を減じ，評価により客観性をもたらすことができる。

　では，模擬国連の場合，どのようなルーブリックをつくればよいのだろうか。ルーブリックの構成要素には，観点・記述語・尺度が必要である。評価として確認できる証拠として，先に，PPP，スピーチ，会議行動とDRを挙げた。そこから，どういう観点が導き出されるのであろうか。また，それぞれどういうものが最も望ましいのであろうか。

> **ポジション・アンド・ポリシー・ペーパー（PPP）**
> …担当国の理解の程度（国益・政治・経済・貿易・民族・文化・歴史的背景等）
> 　政策の妥当性（問題の本質と構造の理解，これまでの議論の理解，担当国の立ち
> 　位置，創造的包括的で実現可能性のある政策立案）
>
> **会議行動**
> …合意形成への貢献（担当国と相手国との共通点・相違点の確認，交渉の基盤を
> 　設ける，妥協点を見出す，コンセンサスへと導く，建設的な関係を築く）
>
> **スピーチ**
> **決議案（DR）**
> …説得力の有無（印象に残る，わかりやすい，筋道立っている，国際益をふまえている）
> 　明晰な言語使用（主体・客体・方法・期間・程度などに関して曖昧さを残さない
> 　言語使用）

　これらの観点の最も望ましいもの（尺度３）を想定したうえで，尺度２，尺度１の順で表に入れてみる。

　本校で使用しているものは，138，139ページに資料として紹介している。尺度も７段階で観点も多少異なるが，基本は表１と同じである。このルーブリックの評価のなかに，PPPとスピーチと会議行動と決議案の内容が含まれているので，この１枚にまとめることができる。

132　第Ⅱ部 ● 実践 practice

	観点1 担当国の理解の精度	観点2 政策の妥当性	観点3 合意形成への貢献	観点4 言語の使用
尺度3 優れている	担当国の政治、経済、貿易、外交とそれらのつながりの中で優先的な利害（国益）が何であるかを正確に理解している	問題の本質と構造の理解、これまでの議論の理解、担当国の立ち位置を踏まえ、創造的包括的で広く受け入れられ実現可能性のある政策を提案している	担当国と相手国との共通点、相違点の確認をもとに、建設的な関係を築きつつ、国際益を見いだす交渉を試みている	説得力があり印象に残るスピーチや、曖昧さを残さない決議案を作ることができている
尺度2 合格	担当国の政治、経済、貿易、外交を踏まえて、優先的な利害（国益）をある程度理解している	議題に含まれる問題をある程度理解した上で、広く受け入れられる政策を提案している	建設的な関係を築きつつ、妥協点を見いだす交渉を試みている	筋道だったわかりやすいスピーチができている
尺度1 頑張ろう	担当国の政治、経済、貿易、外交をあまり理解していない	議題に含まれる問題をあまり理解していない	担当国の国益に執着して妥協点を見いだす交渉をしていない	スピーチをすることができている

∧表1　ルーブリック

授業計画

　さて、このように評価の対象とするものと評価規準ができたところで、次は具体的な学習計画を立てる段階である。学習活動は、先に挙げた知識やスキルに留意すればよい。模擬国連の授業なので、最後の授業は会議とそのレビューになるが、検討すべきは会議準備の段階である。会議の手続き（プロシージャー→ 用語解説 ）は事前に説明してもよくわからないので、会議を進めながら途中で止めて説明を入れるのがよい。また、会議行動も、指導すべきポイントで会議を止めて指導するのが効果的だ。

　検討を要する点は、①議題と論点の決定、②国割りの決定、③リサーチの仕方の指導、④PPPの項目の検討と書き方の指導、⑤スピーチ原稿の書き方の指導である。

　以上をふまえた授業の展開は、本校の場合以下のようなものになる。

❶コマ目	授業ガイダンス・BG配布・担当国国割り・PPPの書き方
❷コマ目	議題・論点解説
❸コマ目	リサーチの仕方の解説・リサーチ・PPP作成
❹コマ目	リサーチ・PPP作成
❺コマ目	政策のすり合わせ・PPP完成版提出・スピーチ原稿作成
❻コマ目	会議1
❼コマ目	会議2
❽コマ目	会議3・授業終了時決議案提出
❾コマ目	決議・レビュー

∧学習計画

1コマ目

　授業ガイダンスは，模擬国連という授業の狙いや展開や評価についての説明をする。通常の授業とは異なる点が多いのだが，詳しく説明しても理解しづらいので，簡潔な説明にとどめる。

　BGは，作成に多大な労力と時間が必要なので，既成のもので済ませる。通常１つの会議には論点が複数あるので，そのうちの１つに絞ることを勧める。ただし，模擬国連の会議行動のなかには，複数ある論点のなかで，担当国の国益に照らし合わせてどれを優先的に扱い，ほかのどの論点を交渉の材料にするのかを検討して会議に臨ませることもあるが，これは上級者向けの指導になる。

　担当国の国割りも，事前に決めておく。基本的に生徒には選ばせず，対立が生じるような構図にする。１カ国につき２人がベストである。会議では他国大使と交渉することになるが，その前の会議準備でも話し合う機会を設けるためである。

　PPPの項目も事前に決めておく。この項目をリサーチで埋め，自分たちで考えて書くことで，会議準備ができる仕掛けである。１コマ目でなくてもよいが，できるだけ早めに開示する。

2コマ目

　議題に関しては，BGを渡すだけでは普通の高校生は読み込めないので，かみくだいた解説が必要である。だが，議題の理解だけでは会議に参加し議論することができない。論点と論点外の理解が必須となる。例えば難民問題では，「難民の緊急対応」が論点の場合と「難民の第三国における社会統合」が論点の場合とでは，議論の中身が全く異なる。また「移民」が論点外の場合，そのことを意識していないと，いつのまにか移民と難民を混同してしまうことになりかねない。

3・4コマ目

　議題などについてのリサーチは模擬国連の土台になる。時間をかけてもかけ過ぎることはないが，授業で扱う場合はある一定の時間を決めておこなう。まずは，担当国の情報を入手する。特に，初心者はこの活動がロールプレイングであることを

忘れがちである。日本の高校生としての感覚や主張を棚に上げることを強く意識させることが肝要である。そのうえで，担当国の国益を考えさせる。何を調べても，これがその国の国益だとは書いていない。したがって，議題の論点に即して，様々な情報を参照して自分で国益を考えなければならない。同時に，論点に関する情報を担当国の国益に沿って調べさせる。日本語の資料がある場合はどんどん利用するのがよいが，英文での検索が必要な場合もある。特に，担当国が関わった過去の国連の会議での決議は押さえておく必要がある。

5 コマ目

　PPPは，ペアの場合でも各自に提出させる。評価の対象とするためである。分担するより別々に調べさせた方が，多数の情報が集まることも理由の１つである。そのうえで，複数のPPPを材料に検討させ，担当国のPPPの完成版をつくらせる。それをもとにスピーチ原稿を，これも各自で書かせる。注意点は，国益の主張ではなく，国際益をいかに主張できるかである。公式に国連に記録として残るものなので，フォーマルな形式にも留意させる。

　余裕があったら，他国の情報も収集し，まずどの国々とブロックを形成すべきかを考えさせておく。

6・7・8 コマ目

　いよいよ会議である。留意点は，まずはメモをとらせることである。事前にネゴシエーション・ペーパー（NP 用語解説 ）やPPPが公開されている場合は，どういう構成国でブロックが形成されるかを整理しておく。さらに，会議が始まったらスピーチやそのほかの発言をメモし，まずどの国とブロックを形成するのかを考える。２人ないしは３人の大使団の場合，必ず役割分担をしておく。１人はブロック形成にかかわり，もう１人はほかのブロックの情報収集を担当する。なぜなら，最初のブロックが形成されたら，次はブロックごとのコンバインが待っているからである。それに備えて，ほかのブロックの情報とその分析が必要である。ブロックどうしのコンバインをする際は，最も注意力が必要である。もともと先進国と発展途上国のように立場

5　玉川学園の模擬国連　135

や利害が異なる場合が多いので，国益が損なわれないかに注力する。支障がある場合は，より抽象的な文言にする，より弱い動詞を使うなどの配慮が必要である。また，決議案作成は時間との勝負になることが多いので，絶えず残された時間を意識させる。

9 コマ目

決議案が複数提出された場合は，投票の前に質疑の時間があるので，質問を考えさせておく。投票後はレビューである。レビューには，2種類ある。1つは，この会議を通して，議題への理解が深まったのか。2つ目は，会議行動はうまくいったのか。本校では，ルーブリックを用いてPDCAサイクルのチェック表(138, 139ページ)を作成して，自己評価とともに提出させている。PDCAサイクルとは，事業活動における生産管理や品質管理などの管理業務を円滑に進める手法の1つである。PはPlan(計画)であり，ルーブリックの最も望ましい活動を自らの計画と設定する。DはDo(実施)，CはCheck(レビュー)に相当する。自己評価とその理由，それにもとづいた次回会議での目標，その目標を果たすための具体的な対策を書かせる。AはAction(次回の会議での実施)である。これを継続的に実施することで，改善を促す。つまり，その時点での評価にとどまらず，次の段階での取り組みに反省を生かすのである。

レビューは，あまり観点を指定せず自由記述で書かせるのが一般的であるが，本校ではルーブリックの観点に沿って書かせている。その方がルーブリックの観点を意識させやすく，評価のポイントを再確認できるからである。また，改善もその観点に沿ったかたちで期待できる。

大きな可能性

ここまで，「逆向き設計」論に沿って，難民問題を例に本校での取り組みを紹介してきた。このような枠組みを用いるのは，授業担当者が事前に学ぶべき事実的知識や転移可能な概念，使うべき個別的スキルや複雑なプロセスを設定すると，授業計画や評価を設定しやすいからである。

模擬国連は，様々な要素が入り組んだ複雑な教育活動であるため，いったん議題を設定してリサーチに取り組ませて会議を実施してしまうと，それも立派な活動に思えてくる。それはそれで意義のあることに違いないが，それだけでは実にもったいない。授業のなかで「原理や一般化」まで掘り下げ，「永続的な理解」にまで導くことができれば，これまでの日本の教育にはない大きな可能性を拓くことができるのではないかと考える。

生徒の感想

　普段は知ることのない情報を得る機会になり，社会問題を考える糸口になっています。1つの議題に様々な人と向き合います。突拍子もない意見に驚くことも授業の醍醐味の1つで，他学年の人と意見交換をしたり新しい所見を得たりすることができるのが魅力です。最終過程では，折り合いをつける楽しさを感じています。自国の軸をぶらすことなく，各国の妥協点を盛り込みながら，全会一致がとれたときの達成感はとても大きいものです。

(高2女子)

　議題や自国，世界の情勢を調べ，理解するには様々な知識が必要で，客観的に情報を理解するだけでなく，その国の立場で理解することも必要である。さらに調べたことをふまえて解決策を模索し，大使として適切な行動をとらなくてはならない。難しく大変な反面，模擬国連の面白い部分だと思う。また，会議では国益や国際益，他国が望んでいることを考え，どの国も納得した決議案を出すために妥協点を探すなかで，交渉力や主張をくみとる力，まとめる力がついた。模擬国連で得た力は普段の生活にも役立つと思う。

(高2女子)

模擬国連PDCAサイクルシート 11/27

( )組( )　( )組 担当国(ロシア)

	自己評価とその理由	具体的な対策
外交政策の精度	代表団は、自国における政治、経済、貿易、軍事、それらのつながりや利害が他の国にとって国益を最大限追求しており、それらを考慮した行動がとれている。	（5）外交関係の良さは中国、ロシア関係とスポーツと交流。一方、DRでスポーツで進めつつ、大国と交渉が良い？又、将来を見据えて…将来を見据えて同盟関係が必要か
合意形成への実質的な知識と貢献	代表団は、議題に含まれる問題の本質や課題を深く理解しながら、議題と自国の立ち位置を把握している。また、代表団は現実的かつ包括的、実現可能で広く受け入れられるような解決策を提案している。	（5）議題における同盟国の次にするより良い政策を模索。具体的であって、2回目で送りがちだった。と思い、次の目にて、4回目にて行動目標にした。WPは3回目
交渉術	代表団はすべての国連加盟国に対し柔軟にリレーションを実現するために妥協点を見つけている。代表団はブロック内におけるチームワークと国際関係を構築しながら、他の代表団と妥協点を見いだすことができている。代表団は異なる立場にある国の立場のように他の国の代表との即時に外交交渉の枝を模索している。	交渉術をさらに一歩おこととして、2人ペアになって相談と依頼と分担して円滑に会議を進めるのがよい
言語の使用	代表団は印象深く心に響くスピーチをすることができている。代表団は相手国の代表団に自国の意見の妥当性と他国の益との共通点、相違点を詳細かつ正確に伝えることができている。	（5）限りある時間の中で、今回に幅広い説明でいそがしく、WP説明を簡潔にやる
決議案作成	代表団は、常に決議案作成に関わっている。	（5）DR提出回数、全て行った
プロシージャーの使用	代表団は、会議の円滑な運営を妨げない行動が取れているさらに、代表団はプロシージャーを活用して会議の流れを有利に持ち込むことができている。	（5）プロシージャーを常に頭にあり何かどうしようかなと思いしている。又、何かをやるにしてもレベル、右左、中心や構造を

* 自己評価は5〜1

模擬国連PDCAサイクルシート 1/30

	自己評価とその理由
外交政策の精度	代表団は、自国における政治・経済・貿易、表にそれらのつながりや何がその国にとって国益(優先事項や利益)かを理解しており、それらを考慮した行動が取られている。
合意形成への実質的な知識と貢献	代表団は、議題に含まれた問題の本質と精読を実質的に理解している。また、これをふまえられたことでいる。また、代表団は自国の立ち位置を把握している。また、代表団は前回会議からの積極的な実現可能で広く受け入れられるような解決案を提案している。
交渉術	代表団はすべての国連加盟国に賛同可能なソリューションを実現するために妥協点を見つけ、ブロックを維持しながら、他の代表団と交渉することができている。代表団は他のブロックの代表団と妥協点を思い出せることができている、代表団は会議中に外交官のような他の国の代表団との間で建設的な関係を構築している。
言語の使用	代表団は印象深く心に残るスピーチをすることができている。代表団は他の代表団に自国の意見の妥当性と他国の共通点、相違点を緻密で正確に伝えることができている。
決議案作成	代表団は、常に決議案作成に関わっている。
プロシージャーの使用	代表団は、会議の円滑な流れを妨げない行動が取られている。さらに、代表団はプロシージャーを活用している会議の話を自国に有利に持ち込むことができている。

* 自己評価は5~1

（自己評価・理由欄）
(4) 今回、プロセデン前から自分勝手な国益にこだわり、自分の政策で他国にとっての国益を考慮するうえで実際にアプローチ出来るよういろいろ考えながらしっかりと取り組んだ。

(5) 全体の意見を考え、国益に忠実にふまえたうえで私達なりの新しいものを提案出来たと思う。ただ、その辺り、少し曖昧な部分に立っていた。

(5) はじめは不適国、途中の国とわかれていて、賛同する国と交渉して、いし、2つ同じくらい、途中同盟はVPで合流して、途中割って交渉することもできた。

(5) スピーチでは、目の討った一とても、でつか主張があったとも思った。

(5) 場に合わせた理由もとり、上手に決議案に反映した。

(5) プロシージャーを使って、場をまとめることができた。

前回会議終了後立てた目標の達成度
交渉を活発にむけいることと、稀回会議でさらに2月会議でも応用することができた。また、2ヶ月で2回目だ。一人で外渉し、むけいる体制作りが出来た。他の役員からの質問に受け入れる余剰であった。チームワークで、交渉をつづく成立させることができた。

残った課題
今回もDCP現出ってきけて、最後に提出時間に忙しくしてしまった。これからも、提出時間に仕が出来るように、しっかり取り組みたい。

6 模擬国連を授業に

渋谷教育学園渋谷中学高等学校　**室﨑 摂**

1 高校2年生文系生徒対象生物の授業による実例

ⓈTEP❶ 生物多様性

「生物」の視点から社会問題を学び，解決策を模索する。
テーマ(議題)：地球温暖化対策

　まず「生物基礎」の教育課程に沿って，「種・遺伝子・生態系」の3方面から生物多様性について深く学んだ。その後，全履修生が東南アジア諸国連合(ASEAN)，欧州連合(EU)，アフリカ連合(AU)，石油輸出国機構(OPEC)加盟国，フィジー，アメリカ，中国，日本をモデルとする8仮想国家のいずれかの大臣として，「気候変動」問題をさらに掘り下げて考えることにした。取り扱う内容は①遺伝子の構造と働き，②産業革命と種の多様性の危機，③生物と環境であり，定期試験に出題されるので，基本的知識を丁寧に学習することを伝える。

導入したマテリアル

　地球温暖化が地球社会に与えている影響，例えば中国の大気汚染，海面上昇による住居の喪失のドキュメンタリーや国連での環境に関係するスピーチを視聴させた。生態系の破壊は，人間も含めてそこに生息する「種」の多様性も失われてしまうにもかかわらず，人間は自ら生態系を破壊する行為をおこなっている矛盾に着眼させる。世界中の人々が安全保障上の脅威として気候変動を挙げていることに注目させ，生物の知識と実際の社会問題の繋がりを認識させる。とくに導入に使ったのはTED Talksでのスピーチで，"Why do societies collapse？ by Jared Diamond"と"Why climate change is a threat to human rights？ by Mary Robinson"である。

STEP❷ 気候変動

　模擬国連活動を学習活動に取り込む前に，模擬国連活動になじみがない生徒のために，模擬国連部の生徒が決議案作成までのながれを説明した。まず一国の視点から国際問題をみて，最終的には自国の立場を理解したうえで，世界全体に有益になることを考えることが特に大切であると伝えた。

　模擬"Climate Summit 2017"に向け，①生物多様性②安全保障③人権③科学技術⑤人間の健康の5委員会ごとに，影響をリサーチ・議論・発表することによって，気候変動の様々な影響を検証・共有した。

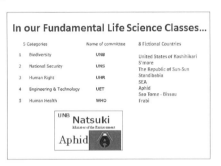

グループ活動

1. 仮装国家の国名（英語名・和名），国旗を考え，グループ活動の苦手な生徒へも参加を促す。個人課題として炭素税，カーボン・オフセット，排出権取引に取り組み，グループ内で共有させる。
2. 各国代表の○○大使が○○委員会に集まったという設定で，「○○に関する気候変動の主な影響」のリサーチをする。ゴールを明確にし，発表や要約の担当，資料づくり，プロジェクトに一人一人が責任を持って参加する意識を高める。

3. 気候変動枠組条約(UNFCCC)を軸とした気候変動対策の足跡，国連環境開発会議(COP23〈2017〉)の課題と成果を学んだうえで，「モデル国家」への気候変動の影響を議論し，模擬COP23にて発表した。各国からの訴えを聞き，外交場面で合意を形成する難しさを学習した。

4. 各自が所属国の立場に立って具体的な提案5つを考え，これを持ち寄り，国ごと議論して決議案を提出した。各国代表からなる理事会で論点を整理し，決議案(DR ➡ 用語解説)をつくった。ドラフトを仮想各国大臣に説明し，各国の意見をくみ，削除や修正をおこない，仮想8カ国を協同提案者とする決議案をつくった。

5. 「一般英語Reading」(3学期テーマ：生物多様性Biodiversity)および「帰国英語」の授業内にて，生徒205名を締約197(＋8)カ国の議決権を持つ代表に指名し，文系生物履修生42名が(国連議長団として)気候変動の影響や決議案の内容を説明した。1週間かけて当事国の国情を調べたうえで，高校2年生全員がDRの採決に参加した。

高校 2 年生文系生物の最終授業は，COP23の最終日という設定で閉会式をおこなった。モデル国の伝統的な文化を紹介しながら，開催国首相の英語スピーチ，事務局長からの「投票結果報告」などがおこなわれ，事務総長の英語スピーチで幕を閉じた。

　また，個人課題として，2050年に新聞の論説委員になったという設定で「社説」もしくはEditorialを執筆した。学年集会の場で決議案の可否を生物履修生が説明した。

　今年度の教育課程開発研究「理科」では，英語で背景情報となる資料の提示・発表した点，グループ活動で指名されたファシリテーターが活動を主導した点，英文校正を英語表現に卓越した生徒に託した点など，生徒の主体的な学びに多くを委ねた。また，英語科，音楽科，国語科との教科連携も生徒のモチベーションを押し上げた。模擬国連活動を授業に導入することにより教科を横断して内容が深められ，履修生徒が個人としてその国の抱える問題を考え，またグループとして地球的な課題の解決に向け，当事者として達成感をもって取り組むことができるだろう。

＊今回のプログラムを考案された，細野卓也先生（理科）のご許可とご協力をいただいて，この章の掲載が可能となりました。

2 小学生のための模擬国連教室

　現在，海外では社会科の授業の一環としてすでに模擬国連をおこなっている小学校が多くある。その一方で，日本では小学校という早い段階からの取り組みはなく，日本の小学生の国際問題への意識を向上するために，「模擬国連入門」を企画しようと思った。模擬国連の魅力は，「ロールプレイ」を通し一国の大使を楽しく演じながら国際問題を考え，活動のなかで理解が深まることである。さらに，様々な国の立場に立って問題を見つめることで，その複雑な構造と利害関係を知りながら，普段の授業では得られない別の視点からの学びがあることだ。この学びを小学生にも経験してほしいと思った。

対　　　象：東京都渋谷区立猿楽小学校 6 年生38名

実　施　日：2019年 2 月26日（火）5・6 時間目

議　　　題：児童労働

　議題を選んだ理由：児童労働は，世界にいる同世代の子どもたちの問題として，商品の消費者という立場として私たちには関係がないと言い切れない問題である。複雑な構造を持つもののサプライチェーンによって先進国との繋がりもみえやすい。

担　当　国：アフガニスタン，オーストラリア，中国，エジプト，フィンランド，イラク，インド，北朝鮮，サウジアラビア，シリア，イギリス，アメリカ（ 3 人で 1 国を担当）

準備・運営：渋谷教育学園渋谷高校 2 年生：長谷川えみ里・大村梨琴

教　　　員：室﨑　摂

∧活動概要

事前準備

　2 時間しかない模擬国連会議をいかにシンプルでも有意義なものにするか，が最大のテーマだった。2 週間程前から大使に向けて準備に必要な資料を配布し，そもそも国連とは何かから始め，一国の大使を演じることについてや児童労働を議論するにおいて最低限必要な知識をまとめた議題概説書などを配布した。ありがたい

144　第Ⅱ部 ● 実践 practice

ことに社会科の授業を何時間か準備にあてていただけたので担当国のリサーチや政策立案をおこない，ペアと協力してポジション・アンド・ポリシー・ペーパー（PPP）に近いものを作成してもらうことができた。

会議当日

　中学・高校や大学の模擬国連を小学生にとって理想的な形にアレンジしていく過程で，既存の議事進行を大幅に簡略化した。例えば，モデ（公式討議）やアンモデ（非公式討議）といった専門用語は一切用いず，モーション（動議）を大使から募集するというプロセスも省略した。その代わり，他国の政策も理解する重要性を認識してもらうため事前にPPP（自国の政策プラン）の共有をおこなった。また，国連の一

国一票の原理を体現している投票行動はそのまま採用した。細かい模擬国連特有のルールや手続きに準ずることは，実際の国連会議を再現する活動として1つの醍醐味である。しかし，今回は時間が限られていたうえ，対象が初めて挑戦する小学生であったためできる限りシンプルに改変した。

1. 自己紹介，ウォーミングアッププレゼン

今回各個人がどれほどリサーチをおこなってきているかが当日までわからなかったため，冒頭にパワーポイントを使用して簡単なプレゼンをおこなった。

例1

アマゾンで一番人気のサッカーボールは4300円だったことをふまえて，写真の男の子がサッカーボールを1つ縫い終えて得られる報酬の額を尋ね，何人かに手を挙げて答えてもらった。1000円程度，2000円くらい，100円以下などの意見が出た。実際に彼がもらえるお金は15円程度に過ぎないことを伝えると，えーっという驚きのひそひそ声が広がった。クイズ形式にすることで問題について自分自身で考えるきっかけをつくり，子どもたちが受け身にならないように工夫した。

例2

写真の男の子たちが運んでいるものは何かを手を挙げて答えてもらった。この写真がコートジヴォワールのカカオ農園で撮られたことを話し，子供たちに身近なチョコレートを用いることで次のスライドでのサプライチェーンの説明にすんなり入れるように工夫した。

例3 上記のコートジヴォワールで生産されたカカオの例を使い，サプライチェーンについて簡単に説明をした。ここで私たちが子どもたちに伝えたことはコー

トジヴォワールのカカオでつくられたチョコレートを私たち日本の消費者が買うことでコートジヴォワールと日本の間には繋がりがあるということと、私たちは知らないうちに児童労働でつくられたチョコレートに対してお金を払っているかもしれず、そのことは児童労働をさせている人に対してお金を払う、つまり児童労働を応援していることになりかねないということの2点である。

　プレゼンや会議を通して子供たちの目線や姿勢から一人一人真剣にこの問題を受け止めてくれていることがわかり、非常に大きなやりがいを感じた。

2. 開会

ここでは議長が本番さながらに開会宣言をし、出欠確認をおこなった。議題の採択の是非やスピーカーズ・リストの開放は省略した。

3. 各国政策発表（20分）

議長裁量により、各国1分半以内で資料⑥をもとに政策を発表してもらった。スピーチを聞いていて疑問に思ったことや賛成できそうな意見、あまり賛成できない政策などをメモにとり、「じゃあ、その政策を「みんなに利益のある」「実行可能な」政策にするためにはどうしたらいい？」とペア間で話し合うきっかけをつくって建設的な議論をスムーズに進める手助けになることを期待した。また、スピーチ前に議長から「他国の政策を理解することはこの後みんなが納得のいく政策案をつくることに繋がるので、積極的にメモを活用してください」と呼びかけ、自国と他国がどう違う意見を持っているのかを考えるようすすめた。しかし実際のスピーチではほぼ全員が事前にフロントがまとめた政策一覧表から自国の政策を読み上げるだけになってしまっており、また、メモ用紙が格段に子どもたちの思考を助けたとは考えにくい。改善策としては何を話すべきかをもっとはっきりさせる、虫食いのスピーチのテンプレートを製作して各大使に埋めてもらう、などの試みを次回は試したい。

▲フロントを務める2人

6　模擬国連を授業に　147

4．討論（約1時間）

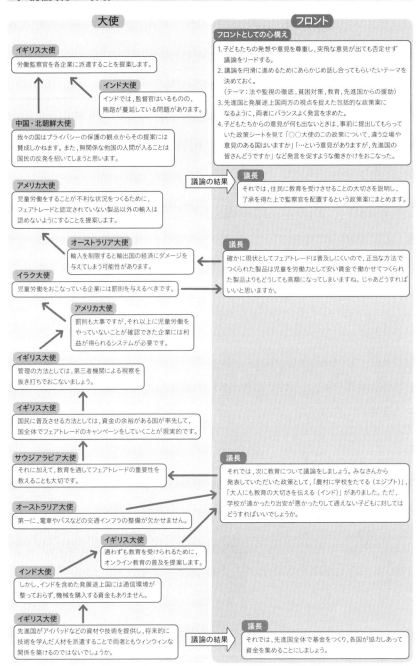

Conference A, DR.

MODEL United Nations　　　　　A/C.3/73/DR.

United Nations　　　　　Distr.:Limited
General Assembly　　　　26 February, 2019
　　　　　　　　　　　　Original: English

Sixty-eighth session
Third Committee
Agenda item: Child Labor

スポンサー国：アフガニスタン、オーストラリア、中国、北朝鮮、エジプト、フィンランド、インド、イラク、サウジアラビア、シリア、イギリス、アメリカ

＜教育＞
・都市部だけでなく、農村部にも教育機関を設立する
・先進国がタブレットを貸出し、学校に通えない児童にもオンライン教育を普及させる
・地域の指導者や親たちに教育の大切さを伝える
・教員を派遣して、教育の充実をはかる

＜貧困＞
・所得を低下させないための支援を進める
・職業教育を進めたり、失業者を雇いなおしたりして産業の発展につなげる

＜先進国からの支援＞
・先進国全体で協力して寄付や募金を集め、その資金を活用する
・先進国の企業が発展途上国に支社を置いた際に得するような制度を作る
・各国で集めた税金と募金を合わせて一つの資金源とする
・フェアトレードの推進…国全体で進める、企業に向けてキャンペーンを実施する、教育の中でフェアトレードを教える

＜法律、監視＞
・第三者機関を設立し、抜き打ちで視察を行う
・児童労働をやっていないことが確認できた企業には利益が得られるシステムを作り、違反が発覚した場合は罰則を設ける

▲討議を経てまとまった政策案

5. 投票

　話し合いで決まった政策案は副議長がパワーポイントにまとめてプロジェクターで表示し，全員が見えるようにした。それを議長が一文一文読み上げて各国の納得のいく内容か確認してもらったあと，投票行動に移った。賛成12カ国，反対0カ国によりこの政策案は可決された。

6. 表彰(20分)

　議論に一番貢献した大使を1カ国，ベスト・デリゲートとして表彰し，景品として国連SDGsのバッジを贈った。

7. 写真撮影

🅰 議後

| 2月28日 | フロント ≫ ⑬成果文書，⑭レビューシートの作成・配布 |

▼

| 3月2日 | 小学生大使 ≫ 振り返り |

次回に向けて

- フロントはファシリテーター，メモ，成果文書をまとめる役の3人は最低でも必要。
- 一カ国の大使がどんどん発言して，周りの大使がついていけなくなってしまった場合は具体的な説明を求めたりフロントがかみくだいたりするなどほかの大使が議論から疎外されないような工夫をする。
- リサーチの内容にとどまらず，それらを組み合わせたり無駄をそぎ落としたりする発想や発言をもっと引き出していきたい。

会議を終えて

生徒の声

　小学校での模擬国連授業は，一言でいえば，模擬国連活動の本質に迫る取り組みだった。そこで見つけた答えは，「一国の大使を演じる」という学び方が模擬国連活動の究極的な目的であり意義であるということだった。模擬国連では，普段は考えない立場，自分とは全く異なる価値観や文化を持つ国が割り当てられたとしても，その国の大使として行動しなければいけない。これは，実に得難い，全く異なるものへの見方をもたらしてくれる。それは，どの議題においても一国一国が，その歴史，宗教や文化などのあらゆる背景に裏打ちされた立場を持っているということだ。その立場は演じる自分の考え方と異なるとしても，その国の大使になりきるためにリサーチを重ねていくと，その妥当な主張に気づかされる瞬間がある。例えば，児童労働においては，悪意を持つ残忍な雇い主が多くの子どもたちを拘束し，彼らを懲らしめているという単純な構図を多くの小学生は思い浮かべるだろう。しかし，児童労働の当事国を実際担当してみると，途上国の家庭にとって児童を働かせるということは，生計を立てるうえで欠かせず，雇用主はかえってそのような家庭に貴重な職を与えているという見方があることに気がつく。さらに，子どもは学校に通うものという私たちにとって当たり前な価値観が全く通用しない国が数多くあると学んだことだろう。このようにそれぞれの国にとっての当たり前というものがあり，それらがその国に根づいた価値観である以上容易に批判することはできないと認識する。それだけで，私たちの問題との向き合い方が変わってくる。発展途上国は後進的で間違った考え方を持っているという偏見を乗り越えなければ，解決は簡単なことではないと小学生のうちから気がつけることは貴重である。

国際問題は，価値観や宗教が絡んだり，構造的な問題になったりと，デリケートで複雑なものになればなるほど，小学生にはわからない，教えることが難しい重い問題であると考えられがちである。しかし，そういった大人も避けたくなってしまう話題こそ，早いうちから少しずつふれる機会を与えることが大切である。そうすることで成長の過程で，知らず知らずのうちに身につく社会問題への偏見やそれを異質なものとみなす先入観を防ぐことができるのではないかと思う。今回の会議で実践したように，難しい問題であってもできる限り簡略化し，児童労働が持つ複雑な構造もそのロジックを見える化し，わかりやすくすることで適切な理解に繋がると思った。これは小学生に限らないのではないだろうか。大人でも社会の多くの問題を複雑すぎるとみなして，距離を置いてしまうことが多くある。私たちが今回の児童労働の会議を通して小学生に伝えたかったことは，児童労働という問題が，一見遠く離れた途上国の話に思えることが，実際のところ，会議後にみんなで食べたフェアトレードのチョコレートがそれを示しているように，先進国の私たちもかかわりを持つ話だということである。そして，美味しく食べるチョコレートには世界のどこかの同じ年の子どもたちの過酷な現実が秘められているということである。これらを意識するとしないとでは，小学生が今後中学高校に進学し学習を深めていき，さらに社会の様々な問題に目を向け考えていくなかで，それらの問題の捉え方や向き合い方が変わってくるに違いない。

長谷川えみ里・大村梨琴

　最後に，この「小学生のための模擬国連入門」の企画・運営は，高校 2 年生の 2 人にとって中学 3 年生から取り組んできた模擬国連活動の集大成となると共に，模擬国連の原点に立ち返る貴重な経験となったようだ。同じように，全国で模擬国連に熱心に取り組んでいる高校生にとって，小学生に模擬国連を教えるということは，会議を運営することや，大使として練習会議や大会に参加する普段の活動とは全く異なる気づきがあるだろう。また，小学生にとっても，日常とは異なる学びの場に身を置き，楽しみながら取り組める活動であると実感した。今回は小学 6 年生を対象に総合学習，社会科の授業の一環でおこなったが，中学生との連携は知識，興味関心の高さからさらに有意義なものになるであろう。高校生が主体的に小中学生に向けてメンターとなり，学びの場を広げることで，小中高の連携した教育活動に発展する可能性は大いにあると考える。今後，全国各地の教育現場で模擬国連活動を通し，国際問題を考える取り組みが普及していくことを期待する。

写真

146ページ上：ⒸACE

146ページ下：ⒸUNICEF／UNI129916／Asselin　提供元：（公財）日本ユニセフ協会

7 海外の模擬国連会議に参加する

公文国際学園中等部・高等部　米山 宏

海外の模擬国連

　本校では1998年に着任したネイティブ英語教員がオランダ・ハーグでおこなわれている模擬国連大会を紹介し，2003年1月に初めて派遣団として生徒をハーグに送った。以来ハーグの大会には毎年生徒を送り続け，2018年度で17回目の派遣となる。またハーグに加えて年間にもう1回，海外でおこなわれている大会にも参加しているが，こちらは参加を固定化せず，世界各地でおこなわれている大会に参加している。本校で模擬国連活動をはじめた当初は国内での他校の活動はほぼないといっても過言ではない状況だったので，「模擬国連＝海外」という図式で初めから海外の大会への参加ありきで活動がはじめられた。2007年よりはじまった全日本大会が存在する現在では，まずそこを目指し，その次にその先にある海外を視野に入れるというのが通常考えられるステップと思われるので，本校の場合はレアケースであろう。ちなみに現在いくつかの学校では部活動として模擬国連が導入されているが，本校では現在でも大会参加希望者を募って指導するオプション型で活動している。

　国連の本会議場がニューヨークにあるからといって模擬国連はアメリカだけのものではない。よく誤解をされる方がいるが，模擬国連を運営する世界的な組織があって，その組織が世界でただ1つの模擬国連大会を開催しているというわけではない。本物の国連会議は当然唯一無二のものだから，その模擬版も唯一かと思いきや，そんなことは全くない。そうはいっても，いくつかの大会を束ねる組織は確かに存在する。そのなかの1つが，全米模擬国連協会が立ち上げたグローバル・クラスルームであり，サイモン財団（THIMUN Foundation）が統括するいくつかの模擬国連大会である。そのほかハーバード大学やエール大学，カリフォルニア大学ロサンゼルス校などをはじめ，全世界の大学が独自に模擬国連大会を開催し世界各国から高校生相当の年齢の学生を集めている。

THIMUNとは

　さて，ここからは本校が2003年より毎年参加しているハーグ模擬国連大会 (THIMUN) について記す。先ほど述べたように，ハーグ模擬国連大会はサイモン財団が主催している。現在ではこのサイモン財団傘下の模擬国連大会が世界各地に多数存在している。例えば，2005年に参加したサンクトペテルブルク模擬国連大会，2006年に参加したアテネ模擬国連大会などである。面白いのは2005年に立ち上がったシンガポール模擬国連と2011年に立ち上がったカタール模擬国連だろう。というのは両者とも正式大会名はTHIMUN Singapore Conference とTHIMUN Qatar Conferenceだからである。そもそもTHIMUNという語句自体にThe Hagueという地名が含まれているにもかかわらず，語尾でそれを訂正するかのようにシンガポール，カタールと地名を入れているのである。それすなわち，THIMUNの存在がいかに大きく，その名が模擬国連の代名詞としてすでにブランド化されているのがご理解いただけると思う。

THIMUNの概要

　THIMUNとは毎年 1 月末にオランダのハーグでおこなわれるセカンダリースクールの学生のための模擬国連大会である。世界100カ国以上の国籍の者が200以上の学校の生徒として，合計で3200名超が集まる世界最大規模といわれる模擬国連大会である。大会についてもう少し詳しく述べると，参加費はチーム登録費が160ユーロ（約19,000円），個人登録費が 1 名につき280ユーロ（約34,000円）でかなり高額な印象を受けるが，会議中の全昼食は含まれており，会場へ向かうためのトラムの費用も一部含まれている。結局，派遣生徒 1 人当たりの参加費は，航空券代が 1 月末というオフシーズンで比較的安価で手に入ったとしても，全 8 日間の日程となるためホテル代と合わせれば20数万円の負担となる。ハーグ模擬国連では原則 8 人 1 組でエントリーすることになっていて，その 8 人が全員同じ国を担当することになり，各コミティに分かれていく。公文国際学園では毎年16人の生徒がエントリーしており，2 名の教員で引率している。旅行社の添乗員等は特につけておらず，航空券の手配だけをお願いして，ホテルの予約は教員が自らおこなっている。非常

7　海外の模擬国連会議に参加する　　155

に会期の長い大会であり、2名の引率教員の授業の穴を考えるとその選定も難しいところであるが、前述のように年に2回の海外模擬国連派遣のうち、1回は引率者の問題をクリアしながらハーグに行くことを堅持している。これはハーグがその歴史や規模で世界一といわれているからということと、公文国際学園が初めて海外に生徒を送った模擬国連であるということからである。

　もう一つ大会についての特記として、大会期間中は毎日現地で会議の内容を報道する新聞が発行されていることを挙げたい。もちろん学生の手によるものだが、A3の12面構成で写真も多用されている。大会の進行状況や各国参加者のインタビューを載せるなどの工夫も楽しい。何よりも普通の新聞のように前日の出来事を翌朝に会場入り口で立販売している即効性が素晴らしい。1部1ユーロと有料であるが十二分に価値のある企画であろう。

❶ THIMUN派遣日程

2018年度の本校の実際の派遣日程を例としてみていくこととしよう。

1月26日（土）	11：25　成田発（オランダ航空KL862便） →15：30　アムステルダム着　専用バスでホテルへ移動
1月27日（日）	〈午前〉World Forum（会場）にて受付 〈午後〉ハーグ市内見物、研修
1月28日（月）	〈午前〉ロビー活動　〈午後〉開会式（World Forum）
1月29日（火）	各コミティ別会議
1月30日（水）	〈午前〉各コミティ別会議　〈午後〉デルフト観光
1月31日（木）	各コミティ別会議
2月1日（金）	〈午前〉各コミティ別会議　〈午後〉閉会式
2月2日（土）	14：30　アムステルダム発（オランダ航空）
2月3日（日）	9：45成田着　入国手続き　現地解散

初日は成田を出発し、当日中にハーグに到着する。ハーグはアムステルダムよりバスで1時間程度の距離にあるため比較的アクセスは容易である。到着日に国際司法裁判所など市内を簡単に散策し翌日に備える。

大会1日目

基本的には受付のみだが，実際には初日からlobbyingが開始される。実はTHIMUNではこの日程部分が一番重要である。lobbyingとは自由交渉（非公式討議）のことであるが，要するに，プログラム中にlobbyingと称して決議案（DR ➡ 用語解説 ）を他国大使とまとめる非公式討議の時間を前もってスケジュール上で確保してしまうのである。これが全日本大会をはじめとするハーバード方式と大きく異なる点で，ハーグ方式と呼ばれる所以となる。生徒たちは早速会場で各国大使とDRをまとめる交渉に入る。

2日目

引き続きlobbyingがおこなわれるが，ただコミティによってはセッションが早くもはじまる場合もある。コミティとは分科会のようなもので，数千人の大使がそれぞれの所属するコミティに分かれて，設定されたテーマについて議論することとなる。そして午後には開会式がおこなわれる。

3日目　どのコミティもセッションに入る。

4日目

午前中にセッションがおこなわれるが，午後は全コミティでお休みとなり，プログラムがない状態が最初から設定されている。本校では，このときに周辺観光をおこなっている。例年，焼き物で有名なハーグ近郊のデルフトを訪れることにしている。

5日目　一日中セッションをおこなう。

6日目

午前中セッションをおこないDRの採決に入る。午後，閉会式をおこなう。多くの海外の模擬国連大会では，この閉会式後の夜にダンスパーティーを設定している場合が多い。

最終日

帰国日だが午前中の空き時間を使ってアムステルダム観光をしている。アンネ・フランクの家やゴッホ美術館など学習効果の高い施設を見学したあと，若干の自由行動の時間をとってから帰国の途につく。

海外摸擬国連派遣者のセレクション方法

　毎年，新年度が始まった5月ごろにその年度の海外摸擬国連派遣希望者をまとめて募集をかける。これは，応募機会の公平を期すためである。海外の多くの大会では参加者要件をセカンダリースクールの生徒としているので，本校では英語の習熟度も考慮して海外摸擬国連の参加要件は中学3年生以上としている。（2019年度からは制度を変更して，カタール摸擬国連にも参加を決定し，学校として年3回の海外派遣をおこなうこととした。また，シンガポールに関しては中学2年生からエントリー可能とした。）シンガポール摸擬国連はアジア地域の英語を母語としない国からの生徒が多く参加するため，初級者向けの摸擬国連と位置づけており，相対的にハーグ摸擬国連大会を上級者向けとしている。よって本校では，中学3年生はシンガポールへのエントリーを推奨し，実質的にハーグにエントリーするのは高校生以上が多数である。

　また，より多くの生徒に参加機会を与えるため，海外摸擬国連の参加は中学3年生から高校2年生までの3年間で2回までというルールを設けている。初めて海外の大会に参加した生徒は誰もが自らの英語の拙さを実感し，議場で何もなすすべもなかったことを悔やむ。結果的に何とかリベンジを果たしたいと思い，多くの生徒が2回目のエントリーを心に誓う。しかし，ほかにも多くの生徒が参加を希望するなかで，固定された者だけを何回も派遣するわけにはいかない。そこでこのようなルールが誕生した。ただし過去に数例だけ，高校3年生が3回目の参加をしたことがある。これはもちろん派遣時点で本人の進学先が決定していたこともあるが，経験者として事前勉強の段階から教員のサポートも含め派遣団のリーダーを務めることができる人材という観点で特別に許可したものである。高校3年生のときに現地の会議でVice Chair（副議長）を務めるという光栄を得た生徒もいるが，この生徒も3回目の派遣であった。

　さて，例年70名〜80名の生徒がその年度の派遣希望者として応募してくる。多くの生徒が希望してくれるのはうれしい限りだが，実際にはこれらの生徒を選抜して20数名に絞り込まねばならない。選抜にあたって全員に英語のエッセイを提出してもらい，さらに英語による面接をおこなう。エッセイの採点や面接も含めて，本校で

は忙しいなかですべての選考をネイティブ英語教員が担ってくれている。これらを元に，普段の学業成績等を加味した形で判定をおこなっている。毎年選考結果の発表の時はこちらも非常に神経質になる。何しろこの海外摸擬国連に参加したくて本校に入学した生徒もいるなかで，選抜に漏れた生徒には「連れていけない」旨を伝えなければならない。まさに断腸の思いである。

ⓂUNK

　前述したように本校では，海外への派遣というかたちで模擬国連活動がはじまったのだが，英語のみを使って海外の模擬国連に参加できるのは限られたごく一部の生徒のみである。そこで，広くどの生徒でも参加できるように校内での日本語模擬国連を設置した。それがMUNK(Model United Nations of Kumon)である。2005年度に第１回大会を開催し，今年度で第15回目を迎える。休日の１日間の日程で開催し，参加は中学１年生から可能で任意のものだが，例年100名超が参加する全校規模の行事となっている。また当初は校内の生徒のみを対象にしたものだったが，のちに他校も招待するかたちでオープンな大会になり，さらに第８回大会からはすべてを英語のみで実施するAll Englishの大会もMUNK Internationalとして別日程で開催している。

　開催は生徒による実行委員会形式でおこない，毎年DRの書き方講習会などを大会前に実施し，模擬国連が初めての生徒でも円滑に会議に参加するためのフォローを充実させている。なお，本校が最初にハーグ模擬国連に参加した関係でMUNKはハーグ方式で開催している。

模擬国連の方式

　さてハーグ模擬国連大会や本校の校内模擬国連(MUNK)についていろいろと記してきたが，最後にもう一度ハーバード方式とハーグ方式の違いについて整理してみたいと思う。表にすると次のようになる。

　ご覧いただければわかるようにハーグ方式は会議進行上の細かなルールを理解していなくてもプログラムのながれのままに参加できる。そういった意味では，会議の参加者が議場で進行を決めていかねばならないハーバード方式の方が若干ハードルは高くなると考えられる。しかし，ハーバード方式はペア・デリゲイツを採用する場合が多いので，2人で役割分担をしながら他国との交渉に臨むことができる点などメリットもある。ハーバード方式が難解で手に負えないかというとそんなことは全くない。事実日本ではハーバード方式をもとにして模擬国連活動をおこなっている学校が大半だからである。模擬国連なのだから正確に国連会議を模したいという要求もあるだろう。一方でハーグ方式のように形式にとらわれずに模擬国連の理念や有用性を実現するために手易く導入したいという向きもあるだろう。各学校の実情に応じて，臨機応変に導入することも検討できるのではないだろうか。

	ハーグ方式	ハーバード方式
会議スケジュール	当初よりDRを作成するための lobbying の時間などが設定されており，時間的なスケジュールが決まっている。	時間的な会議スケジュールが明確に決まっているわけではない。進行は大使が議長に動議のかたちで申請し，それが議場で認められれば先に進むことになる。
議事	上述のように議事の順番も決まっており，議長が順番通りに進行する。	大使が申請しなければコーカスのような非公式討議はおこなわれない。ただし議長裁量によっておこなわれることはあり得る。
大使	1カ国を1〜数人で担当する。	1カ国を2人で担当する（ペア・デリゲイツ）ことが多い。
会議監督	置かないことが多い。基本的に議長が会議をすべて掌握する。	会議監督によって議事の進行・ルールが確認され，それにもとづいて議長が議事進行する。

⋀ハーグ方式とハーバード方式　ハーグ方式は「ヨーロッパ方式」，ハーバード方式は「アメリカ方式」ともいわれる。

8 グローバル・ゼロからのチャレンジ

浅野中学・高等学校　宮坂 武志

模擬国連との出会い

　模擬国連について具体的な情報を得ることができぬまま漠然と参加したいと思っていたところ、渋谷教育学園渋谷中学高等学校の模擬国連部の先生と偶然お会いし、練習会議へのお誘いをいただいたのが2013年の夏であった。早速その年の11月の練習会議に、当時私が担任していた中学3年生の希望者数名を参加させたことがきっかけで、模擬国連を恒常的な活動とするための有志団体が立ち上がることとなった。そのころは模擬国連にふれる機会はほとんどなく、2013年末には高校生ではなく大学生がおこなう模擬国連の大会も見学させた。それらの体験をもとに有志団体の立ち上げのために何が必要かを話し合わせたところ、ディベート力だということになり、2014年の春から有志団体「ディベート・サークル」が発足した。

　模擬国連での討議をたしかに英語で「Debate」と表記するものの、実際のディベートのルールなどとは大きく異なっていた。まして私自身にディベートの知識や経験がなかったので、当時本校に在籍していたディベートのエキスパートで英語科の河野周先生にお願いして、一緒に顧問になってもらった。そして他学年にも呼びかけて部員を増やした結果、翌2015年春にはディベート同好会として認定され、翌2016年春には生徒会に属する正式な部活動として、異例のスピードで「ディベート部」に昇格することとなった。

　この間、ディベート部の活動と並行して、模擬国連の練習会議や全日本大会にも参加し、活動はディベートと模擬国連の両輪を柱としていくことを目標とした。模擬国連については私が担当し、まずは全日本大会の常連参加校が主催する練習会議に参加するようにした。加えて、神奈川県の私学の縁で、洗足学園中学高等学校や公文国際学園中等部・高等部からもお誘いをいただいたので、どちらの会議にも積極的に参加した。

　ディベートと合わせての活動ゆえか、部員はみるみるうちに中高5学年で50名を

超え，常時ディベートの練習に10名程度，大会や会議ごとに数十名が参加する規模となった。模擬国連については定期的な活動内容が決まっているわけではなく，方々で開催される会議のたびにディベート部員のなかから参加希望者を募るという形式で，議題概説書（BG⊙用語解説）の読み込みやポジション・アンド・ポリシー・ペーパー（PPP⊙用語解説）の記入などの準備は原則各自に任せている。

グ ローバル教育の導入を追い風に

ところで，部員が増えていった理由は，部の創設だけがきっかけではないようだ。本校では，2014年ころまで海外研修やグローバル化に対応した教育プログラムなどは一切なかった。ディベート部の創設と並行して，私が校内のグローバル化を推進する校務の長になったのも，タイミングがよかったと思っている。

グローバル化と無縁だった本校にとって，単なる語学研修よりもインパクトのある研修をという学内の要望から，アメリカのスタンフォード大学の研究室が主催するワークショップに挑むことにした。このプログラムは，ビジネスをはじめる若手社員の研修用におこなわれていたもので，それを高校生のリーダーシップ養成のための教育プログラムとしてアレンジしたものであった。当然，現地でおこなわれるワークショップの内容は，英語を話し，聞き取れることが前提で，この研修を続けていくためには学校内での英語運用能力の向上が欠かせなくなる。そこで，これを機にもう少しハードルの低い海外研修や，学校内で英語を使う機会が増えるような取り組みをスタートさせることにした。このような本校でのグローバル教育の振興が，ディベートや模擬国連ともリンクしてくれたこと，学内のムードが海外に目を向けさせるながれをつくりだしたことが，模擬国連活動の大きな助けとなったことは間違いない。

英語を話せることが，即，グローバル社会で通用する人間であるかどうかについては懐疑的である。しかし英語を話す場をつくることで，単なる日常会話では満足せず，より幅広い教養や社会的な事象に関心を向けようとする姿勢が生じることはたしかである。この点で，本校の立地は恵まれていた。本校最寄り駅から一駅先の鶴見に，横浜市国際学生会館という横浜市内の大学に留学してきた外国人学生のための寮がある。この寮では外国人学生と交流ができるというので，ディベート部員を

8 グローバル・ゼロからのチャレンジ　163

何度か訪問させた。その効果は，ここで出会う学生の出身国・地域と学歴が証明してくれる。1つは出身地の多様さである。あえて日本の大学で学びたいという学生は，欧米圏からよりもアジア・アフリカなど非英語圏からのほうが多く，現にここで交流する学生の出身地はグローバルに広がっていった。もちろん，そこで話される言葉は英語であるが，学生たちも外国語として英語を話すのでネイティブの英語を話す留学生は少ない。母語のなまりのある英語が飛び交い，日本の中高生が習う模範的な英語などでは通用しないときもしばしばであった。そこでは言葉以外にもジェスチャーや文字，イラストなどをまじえて，必死に伝えようとする態度も求められる。加えて，生徒にしてみれば，実に様々な国や地域の事情を知る機会となるのである。

　もう1つは学歴の高さである。外国人留学生は自国の大学を卒業してから来日した院生や研究生が中心であるばかりか，国から派遣されて日本で専門的な研究に従事している人もいた。そこでの会話は，こちらがお願いすればアカデミックな内容にも対応してもらえるので，より広い視野と深い知識が必要だと生徒に認識させることも可能である。専門的な内容になればなるほど，事前にリサーチや学習が大事だということを自覚する機会にもなる。横浜市国際学生会館は，まさにグローバル教育を充実させるために探し求めていた施設であり，ディベート部としても大いに活用させてもらっている。

▲横浜市国際学生会館でのイベントのようす　外国人の留学生に対して本校生徒4～5名が英語で会話する。

練習会議を主催することに

　さて，模擬国連は何といっても経験を積むことが大事だといわれる。その点，ここ数年で関東圏では会議の回数や参加の機会が増えたことは喜ばしい。できるだけ多くの会議に参加させてもらうようにしているものの，いつまでもゲストとして参加しているだけではいけないと思うようになった。部に昇格してまもなく，部員から練習

会議を主催したいという申し出があったので、彼らがどれくらいフロントを担えるのか挑戦してみることにした。もちろんフロントの初心者が、スキルや経験の豊富な大使をまとめあげることなど容易でないとは想像がつく。そこで、他校の生徒もできるだけ初心者を中心に募集することにした。開催日は6月で、この時期ならどの学校も新

▲浅野中学・高等学校で初めて開催された模擬国連会議　フロントの3名は模擬国連の経験は浅いが、しっかり準備して会議を成功に導いてくれた。

入生をむかえており、初心者に体験させる機会としてふさわしいと考えられた。

　結論をいえば、会議はそれなりに成功だった。その理由は、1日会議であったゆえ複雑なコンバインやアメンドの提出などがなかったこと。次にフロントの生徒のスキルが高かったこと。会議監督も議長も英語が堪能であったこと。また、経験豊富な学校の協力が得られたこと。渋谷教育学園幕張中学高等学校の経験のある大使に会議をリードしてもらえたことで会議の質も高まった。そして何より会議を主催したことで、フロントの生徒のみならず多くの部員に、模擬国連を主催できたという自信がついたことが大きな成果であった。

全日本大会に参加して

　全日本高校模擬国連大会 ▶用語解説 については、2014年の第8回大会に草創期の高校1年生にトライさせたが、2ペア応募してどちらも書類選考で落選、第9回大会でようやく高校2年生のペアが初出場するも、高校1年生のペアは書類選考を通過せずという状況であった。高校2年生のペアは、初めての大会参加にむけてリサーチを十分におこないPPPも丁寧に仕上げたものの、大会2日目には討議に参加できなくなってしまい、決して満足のいく結果とならなかった。しかし、前年は見学者として大会を議場の外から眺めていたことを思えば、部としては初めての体験ができて大いに得るところがあったといえよう。実際に、このときの経験が翌年の後

8　グローバル・ゼロからのチャレンジ　　165

輩たちの大会参加でいかされることになる。

　全国大会に出場できたことは，学内ではかなりの宣伝効果となった。翌年は，出場希望者が 4 名枠を上回り，学内選考することになったからである。しかし，書類選考を通過できたのは高校 2 年生の小塚慶太郎君と 1 年生の宗武陸君のペアのみで，またしてももう 1 つのペアは落選してしまった。結果として，通過した 1 ペアが，前年の反省などをもとに会議戦略を綿密に立てて，第10回大会に臨むこととなった。

　第10回大会は，「国際安全保障の文脈における情報及び電気通信分野の進歩」という議題が与えられ，ポーランド大使が割り当てられた。事前にポーランド大使館を訪問してリサーチするなど準備も万端で臨んだ。何より，2 日間の会議で議場内のどこの国の大使と連携し，どの論点を重視して討議するかなどまでペアで話し合っておいたようで，計画的な会議戦略が功を奏して，結果として優秀賞を受賞することができた。全日本高校模擬国連大会において，2 度目の出場で入賞することができたのは，もちろんペアとして参加した 2 人の生徒の努力の賜物である。さらに，元外交官で国連機関での勤務経験を持ち，本校の同窓会長である中村順一氏からアドバイスを受けられたことをはじめ，多方面からの支援も大きな力となった。

🌐全日本代表としてニューヨーク大会参加が決まったが…

　私が模擬国連にかかわりはじめてからわずか 3 年にして全日本高校模擬国連大会での入賞，さらには日本代表としての国際大会（ニューヨークでの模擬国連会議）に出場できる切符を手に入れることができたのは，望外の喜びであった。しかし，思わぬ朗報にまだ気持ちの整理が追いつかず，何を準備しなければならないのか，選ばれた 2 人に今後何をアドバイスすればよいのかなど見当もつかなかった。とはいえ，彼らはすでに他校の仲間やニューヨーク大会経験者の先輩などとSNSで繋がっていて，情報収集に余念がなく，私からよりも貴重なアドバイスを得ることができていた。ところがそんな 2 人の間にも，準備にかける情熱において，しだいに温度差が生じるようになったのである。

　11月の全日本大会でニューヨーク行きが決まると，翌年 5 月の海外派遣まで半

年間もの長きにわたって準備期間が与えられる。裏を返せば、半年もの間、国際大会へのモチベーションを維持し続けなければならない。高校2年（もしくは1年）の夏から全日本大会の書類審査の課題をこなし、秋の全日本大会を経て国際大会出場となると、翌年の春まで、帰国報告会を含めれば初夏までのほぼ1年間を捧げることになる。これはある意味、気力と体力のいることなのだ。傍でみている顧問は彼らと長い付き合いになるだけだが、彼らは大会に向けて議題や担当国に関するリサーチやPPPの作成、会議戦略の立案など、相当打ち込んで準備に取り組んでいる。しかも、国際大会となると英語の関連サイトや資料を読まなければならず、現地では英語でモデやアンモデをおこなわないといけない。帰国子女でも現地の高校生の会話のスピードで内容を理解するのは厳しいと聞いたことがあるが、ましてや本校の2人は帰国生ではなく、そのうち1人は海外経験がゼロである。ニューヨーク大会に向けてやることは、何より英語のコミュニケーション力の飛躍的な向上しかないとの自覚もあり、しばらくは英語（英会話）の勉強に勤しんでもらった。それと同時に、国割りと議場が決定してからは徐々にそちらのリサーチにも熱が入るようになった。ただ、それは海外経験のない高2の小塚君のほうだけであった。実はペアの2人の間には、ニューヨーク大会まで半年間の模擬国連とのかかわり方において温度差以上の決定的な違いがあり、ペアの関係はかなり険悪化していたのである。

▲国際大会に出場した小塚君と宗武君　閉会式がおこなわれた国連の総会議場にて。

　この2人の温度差は、聞けば他校でもよくある話だそうで、片方が全身全霊で模擬国連に専念したいのだが、もう片方はニューヨークまでの半年間を模擬国連以外のことにも打ち込みたいという違いである。もちろん、そうはいっても渡航が近づけば、両者の距離は自ずと近づいていくものであるが、そこまでのペアの関係性を良好に保つのは意外と難しい。顧問としてできることは、双方の言い分に耳を傾けて相手の思いをくみつつ、今、それぞれができることに集中すべきだとアドバイスすること

8　グローバル・ゼロからのチャレンジ　　167

しかないのである。お互いが辛抱を重ねた結果，春を迎えるころ(Information Sessionという渡航前事前プレゼンが4月にある)には，リサーチの内容を共有したり協力して会議戦略を練ったりする関係にもどっていた。

❸ 度のニューヨーク大会を経験して

ニューヨークのグランドハイアットホテルで毎年5月に開催される模擬国連国際大会は，現在，レバノン・アメリカン大学の主催である。その大学生がフロントを務め，世界中から中高生を集めて約15の議場が設定される大規模な大会となっている。

この大会に2017年・18年・19年と3年連続出場することができたが，正直な感想として，日本から代表として派遣される高校生のレベルはずば抜けて高いと感じられた。それは当然，こちらは代表として選考されてきたからである。一般的には学校単位で授業の一環として申し込むため誰でも参加できることもあり，乗り気ではない消極的な生徒も多数混じってしまうのだ。会議に参加すること自体が課外授業のような形式の学校が多く，1日目の会議終了とともに即帰宅となり，会議時間以外の夜間交渉などありえない。また，2度目の参加の際は，フロントも大使のモチベーションを高めるために会議冒頭でレクチャーをおこなったり，後半の集中力が切れるタイミングで，大使としてではなく生徒個人として任意の自己紹介プレゼンの時間を設けたりと，工夫をこらした会議運営をおこなっていた。

そんな海外の会議でこちらがどうしても不利になってしまう点が，英語での会話スピードである。もちろん非英語圏からの参加生徒もいるが，圧倒的に多いのはアメリカないしは英語圏の高校生であり，アンモデともなればネイティブの高校生どうしの会話に遠慮はない。そのスピードについていくのは，日本から来て数日しか経っていない高校生にはかなり厳しいのである。事前に英会話の準備をしていても厳しい。だからといって喋らなければ意味がない。むしろ話さない人間はいないことと同じとみなされる。逆にいえば，たどたどしくても声を発すれば，こちらの意見を聞こうとしてくれるのもネイティブの高校生なのである。このような状態で議論や交渉となると至難であるが，何であれ思いや意見を伝えようと発言することが大切であり，会議の最後までその姿勢を貫く根気と粘り強さが必要だとあらためて認識させられた。

ニューヨーク大会の閉会式は，国連の総会議場で実施される。しかも，本物の各国大使の席に座ってセレモニーに参列するのである。模擬国連を体験したものなら，あの空間にいられるだけで感動的であり，そこで表彰されるとなれば栄誉だと思うのも当然だ。全日本高校模擬国連大会のゴールがここだとすれば，何としても全日本大会で入賞して代表に選ばれたいという気持ちが強くなるのも頷ける。しかし，模擬国連の意味や価値は，それだけで判断していいのだろうか。

　すでに本書でも，先生方が模擬国連の意義や教育効果を語っている。私も同意しているのであえて繰り返すことはしないが，そもそも模擬国連は表彰されることを目標とする活動ではない。それでも大使として参加する高校生にとって，表彰というかたちで大使としての成果を認められることは喜ばしいことであるため，賞を設けることを否定するつもりはなく，むしろ推奨する場合もある。しかし，生徒が表彰されることだけを目標として，この活動に注目したわけではない。生徒にこれからの時代は地球規模で解決しなければならない課題があることを認識させ，一人でも多くの仲間とそれを共有し，互いに協力して解決策を構想してほしいという思いがあったからである。そして，模擬国連を通じての議論や解決案をふまえて，いずれは国際社会に出て実践できる人間に育ってほしいという願いもある。表彰されたことだけに満足して経歴をただ埋めるだけの活動で終わってしまうのであれば，教育活動としてはかえってマイナス効果となってしまう。模擬国連の真価は，そんな陳腐なものではない。

▲国連総会議場での閉会式　模擬国連をするものにとっては，この場にいることがかけがえのない体験である。

8　グローバル・ゼロからのチャレンジ　169

中学校社会の授業で模擬国連に挑戦

　模擬国連に参加する生徒は、結局ごく一部の優秀な生徒だけではないかといわれることもある。決して的外れともいえないだろう。それでも多くの生徒に模擬国連を体験してほしいという思いから、本校では中学3年生の社会科の授業に、生徒全員が参加できる簡易型の形式で、「模擬国連を体験しよう」という特別講座を入れることにした。あわよくば授業を通じて、学内での模擬国連の認知度も上がることを期待しての導入である。

　本校は中高一貫校の私立男子校であり、中学校社会は各学年に4単位ずつ設定されていて、どの学年も「歴史」と、「地理(中2まで)」か「公民(中3のみ)」を2単位ずつ配当している。よって「歴史」は中学校3年間で計6単位分の授業をうけ、高校1年生の世界史Aまで含めると、中学1年生からの4年間で通史を学ぶというカリキュラムである。そこで時間に余裕のある「歴史」の授業を3時間使って、「模擬国連を体験しよう」という特別授業を中学3年生の3学期に実施することにした。

　学級構成は1クラス約45名で、6クラスである。クラスごとに2人のペアで国割りをおこなうこともできるが、簡潔でより効果的な学びとするため、ここではまず45名を9つのグループに分け、この5名ずつのグループにそれぞれ国を割り当てることからはじめた。

① 　1時間目は、国グループが担当国のリサーチをする時間である。

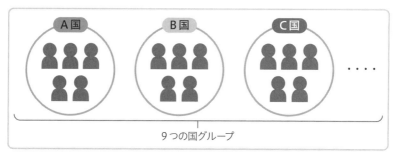

▲国グループ（5名ずつで9カ国）→担当国のリサーチ（PPPを作成する）

② 2時間目に9名ずつで5つの会議をつくり，国グループの5名の大使が，1人ずつ異なる会議に参加するように組み替える。この会議で，共通のトピック（初年度は難民問題，2年目は核軍縮）を話してもらうこととした。

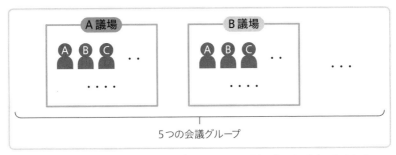

▲会議グループ（9名ずつで5議場）→トピックについての話し合い（決議案を作成する）

③ 3時間目にそれぞれの会議の代表が決議案を発表し，お互いの決議案を比較したり，自分たちの決議案やほかのグループの決議案を評価したりするレビューをおこなった。

最後に生徒にはレビューシートを記入してもらう。他のグループの決議案を評価させたり異なった理由を考え

▲生徒が書いたレビューシート

させたりするのもよいし，決議案が可決できた（できなかった）理由などを述べさせてもよい。

以上のようなながれで授業は展開された。一方的に聴講する形式ではなく，常に自ら調べ議論しなければならない主体的な学びであるため，生徒たちの満足度は高く，リサーチの時間が足りないからもっと時間を確保してほしいという要望も寄せられた。このような授業形式は，全国中高教育模擬国連研究会の教員勉強会において，玉川学園の後藤先生の授業実践例（本章第Ⅱ部－5で紹介されている）を聴講したさいに着想のヒントを得たのであるが，アクティブ・ラーニングの現場でも知識

構成型ジグソー法として実践されているようである（永松靖典編『歴史的思考力を育てる──歴史学習のアクティブ・ラーニング』山川出版社, 2017年）。本校での模擬国連の授業の詳しい説明は, 東京書籍のウェブサイト（東書Eネット）の「アクティブ・ラーニングの広場」というページに, 授業実践レポートとして掲載させてもらっているので, そちらも参照していただきたい。

　実施してみた手応えとしては, 本来の模擬国連とはかなり異なる形式ではあるものの, 予備知識のない生徒が模擬国連にふれる最初の機会としてはきわめて有意義な授業であったといえるだろう。ディベートやディスカッションの授業を突然おこなうと, どうしても知識の差が顕著に表れて常に議論をリードする生徒が限られてしまう。ついていけないと悟った生徒は, 興味をなくしてしまい議論どころではなくなる。しかしこの模擬国連の授業の場合, 国ごとのグループでのリサーチに時間をかけてじっくり取り組ませることで, 議論に入る前提条件となる知識や情報が最低限でも備わることになる。また, 会議には担当国の大使を1人で演じるという責任感が, 議論に向き合わざるを得ないという強制力となるので, 会議中の発言に真剣さと積極性が加わるのである。主体的に議論に参加しているという実感を得やすいという点も効果的であった。

▲本校では図書館の1階がアクティブ・ラーニングにも対応したスペースとなっている。リサーチは書籍だけでなくタブレットも使用して取り組むことができる。

　模擬国連が有する特徴の1つで, 担当国の大使を演じるという「ロールプレイング」の要素も教育効果として無視できない。自分とは異なる観点や自分を客観的に捉える思考を鍛えることになり, 異文化理解や他者との共存が必要なこれからの時代にきわめてマッチしたプログラムだといえるだろう。議論や交渉に際して, 自分の考えを中心に推し進めず, 訪れたこともない国家や話したこともない国民の立場でリサーチした内容をふまえながら, 時にイメージも膨らませて国益を守り, 国際平和に繋がる知恵を搾りだすというのは, かなり高度な知の訓練である。そういった意味で

は，21世紀型といわれる教育方法・教育内容の１つに模擬国連を取りあげる機会がもっとあってもいいのではないだろうか。

　毎年このような授業を実施することで，学内での模擬国連の認知度は急速に高まった。また，私以外の模擬国連を知らない教員にもこの授業に取り組んでもらうことで，だれでも担当できる一般化した授業方法にすることもできた。もちろん，専任だけでなく非常勤の教員にも授業を受け持ってもらったところ，私たち専任教員と大差なく授業を展開することができた意義は大きい。なぜなら「模擬国連」というものが，一般的な社会科の授業の一単元として捉えることが可能だということを証明したからである。今後，社会科（高校なら地歴科であれ公民科であれ）の教科書に，コラムなどのかたちで授業実践例として取り上げてもらえると，ますます認知されていくことになるであろう。

模擬国連とのかかわりで得たもの

　模擬国連とかかわったこの５年間で，教員である私が，また本校ディベート部の生徒がこの活動を通じて得たものは何か。それは，何より模擬国連にかかわる全国の学校に友人・知人ができたことである。大使として参加した生徒たちは，会議での議論をきっかけに，学校文化（風土）の異なる他校の生徒とSNSを通じて繋がることができた。この出会いは，これから先，大学に入学してからも社会に出てからも有益な交友関係となり，貴重な人脈となっていくであろう。

　生徒を引率する私にとっても，普段はあまり話すことのない他校の先生方と知りあえる貴重な機会となった。ほかの活動に比べて引率時間が長く，会議中はフリーであることが多いからであろうか，先生どうしの交流がより深まるような気がする。その後もメールやLINEなどで繋がっている先生方とは，模擬国連の情報交換だけでなく，お互いの学校のことや広く教育全般のことなどについて会議で会うたびに話している。私立・公立を問わず，様々な学校の先生方と交流できるというのは大変有用ではないだろうか。教師にとっても生徒にとっても，このような人脈づくりこそが実は模擬国連の大きな魅力の１つとなっているに違いない。

8　グローバル・ゼロからのチャレンジ　　173

おわりに

竹林 和彦

　私が高校生の模擬国連活動に携わってから，すでに13年になろうとしている。その間，一度として模擬国連活動の魅力が私のなかで失われたことはない。それは，模擬国連活動が単に学びの集大成（ゴール）というだけではなく，夢や目標，人によっては目的をはっきりさせてくれるスタートだからである。多くの大会や練習会の場で，また，その準備する段階でたくさんの高校生の真剣なまなざしをみてきた。その真剣さは，1つの会議をやりきったときの彼らの笑顔や悔しさをにじませた顔，そして時には泣き顔にあらわれ，その顔をみながら，これほどまでに高校生たちを熱中させる模擬国連活動の魅力を再確認してきた。そして何よりも魅力を感じることは，この活動を通じて多くの高校生たちが，日本に限らず世界へもその活動の舞台を広げながら飛躍していく姿をみることができることである。

　あらためて思うが，模擬国連活動はこれからの世のなかで生きていく高校生たちにとってスタートであり，全日本大会で賞をとるというような目標のためのゴールではない。模擬国連活動に参加することによって，高校生たちは会議に参加するためにその議題の知識や担当する国の情報を得る。合意形成を目指す議論をおこなう技を身につける。そうして教科書だけでは学べないたくさんのことを得ていく。しかも，それらを深く学ぶ。また，担当した国の代表として議題について考えれば考えるほど，自分のなかにある価値観との違いにも気づく。それらの活動は彼らに大きな力を与える。

　ところが，模擬国連会議に参加した高校生たちから幾度となく，「模擬国連をやっても世界は変えられないのではないか」「現実離れした決議になってしまっているが意味はあるのだろうか」といった感想や意見を聞いた。喫緊に解決しなければならない課題に取り組んだときほど，そのような思いを持つ高校生は多い。だからこそ，その思いがスタートになる。その課題に対して自分たちでなんとかしたいと強く思う高校生たちが，行動を起こしていく姿を何度もみてきた。自分たちが模擬国連活動で

考えたことに実際に取り組んで，問題を少しでも解決しようとする高校生の姿をみてきた。Actions not Wordsである。しかも，時としてその活動は学校の枠を超え，複数の学校の高校生が集まる活動になっていた。

　13年の間に一緒に模擬国連活動に取り組んだ高校生たちは，すでに社会に出て様々なことに取り組んでいる。この模擬国連活動のなかで持った夢や，やりがいをそのまま追い続けて国連の関係機関に就職したり，企業のなかでアフリカの飢餓撲滅のためのプロジェクトに尽力したり，医師として海外での活動に取り組んだりする学生もでてきた。高校生のときに模擬国連を体験したからこそ，今の仕事をやろうと思ったといってくれる卒業生がたくさんいる。模擬国連活動は高校生にとって未来を考えるきっかけとなる。ゴールではなくスタートである。

　様々な理由と模擬国連そのものが持つ魅力により，高校生に模擬国連の知名度は広がった。もちろん，中学生にもその活動は広がりつつある。それは，部活動としてばかりでなく，授業の一環としても取り入れられている。さらに，模擬国連を小学校でも取り入れるチャレンジも始まっている。しかもその企画は，模擬国連を経験した高校2年生が中心となり，公立小学校の授業で「模擬国連入門」をおこなうというものだ。小学校と高校の連携のもと実施されたもの企画は，小学生ばかりでなく，高校生にも貴重な体験になったという。本当に素晴らしいことだと思う。模擬国連活動は今まで学校の教育現場では課外活動で取り入れられることが多かったかもしれないが，これからは授業として取り入れられることが増えていくだろう。それは模擬国連活動が，まさに「主体的・対話的で深い学び」にほかならないものであり，現代社会の問題を解決するものであり，同じ議題であっても担当国が違うと全く違った角度から考えることをしなければならないものだからである。

　魅力が詰まった模擬国連をより多くの高校生に知ってもらい，この活動を広げようとしてきた。高校生に模擬国連を広げようと大会や練習会を開き，模擬国連を体験する場を提供してきた。その忙しさに怠けたせいか，本を書いて全国の先生方に読んでもらおうという発想は13年間出てこなかった。だからこそ，学びの方法が大きく変化しているなか，授業のなかで「主体的・対話的で深い学び」が実践できる魅力ある模擬国連を全国の先生に知ってもらいたいという思いは強かった。全国高校

おわりに　175

教育模擬国連研究会の場で，浅野高校の宮坂先生からこの活動内容を書籍化しより多くの先生方に知っていただこうと提案がなされたとき，心から嬉しく感じた。そして，模擬国連に携わる多くの先生方それぞれが培ったノウハウを紹介してくださったことにより，模擬国連活動の魅力が詰まった本が出来上がったことを感謝したい。さらに出版にあたっては，山川出版社のお力添えがなければ実現できなかったことである。執筆者一同を代表して感謝申し上げる。

　模擬国連活動を通じて一人でも多くの高校生が知識を増やし，議論と合意形成のプロセスを体験し，担当した国の大使になりきることにより他者理解を深める体験をしてほしい。そして，この学びを通じて自分がやりたいことを新たに見出してほしい。すでに持っている夢に向かって力強く進んでいく信念や思いを持ってほしい。

　いつの日かこの模擬国連活動を経験した高校生が，強い信念のもと世界を引っ張るリーダーになってくれることを願う。

177

付録1 全日本高校模擬国連大会と全国高校教育模擬国連大会(AJEMUN)の記録

全日本高校模擬国連大会の議題と受賞歴

[第1回]　議題　気候変動に関する国際社会の将来的取り組み
International Action Against Climate Change

- **最優秀賞** Brazil　　埼玉県立浦和第一女子高等学校(埼玉)
- **優秀賞** Germany　　渋谷教育学園渋谷高等学校(東京)
- China　　大阪星光学院高等部(大阪)
- **ベストスピーチ賞**
  - Argentina　　聖心女子学院高等科(東京)
- **ベストポジションペーパー賞**
  - Australia　　渋谷教育学園渋谷高等学校(東京)

[第2回]　議題　武力紛争下の子ども ── 子ども兵に関する問題
Children in Armed Conflict ; the Matter of Child Soldiers

- **最優秀賞** Azerbaijan　　渋谷教育学園渋谷高等学校(東京)
- **優秀賞** Sudan　　麻布高等学校(東京)
- China　　栄光学園高等学校(神奈川)
- **ベストスピーチ賞**
  - Germany　　聖心女子学院高等科(東京)
- **ベストポジションペーパー賞**
  - Mexico　　金光学園中学高等学校(大阪)

[第3回]　議題　地雷問題の解決に向けた包括的対策
Comprehensive measures for solving landmine issues

- **最優秀賞** India　　桐蔭学園中等教育学校(神奈川)
- **優秀賞** Germany　　埼玉県立浦和第一女子高等学校(埼玉)
- Angola　　渋谷教育学園渋谷高等学校(東京)
- Lao People's Democratic Republic
  　　渋谷教育学園幕張高等学校(千葉)
- Jordan　　聖心女子学院高等科(東京)
- **ベストポジションペーパー賞**
  - Belgium　　聖心女子学院高等科(東京)

178

[第 4 回]　議題　安全保障理事会の議会席拡大と衡平配分および関連事項

Question of equitable representation on and increase in the membership of the Security Council and related matters

最優秀賞　Barbados　桐蔭学園中等教育学校（神奈川）

優秀賞　Republic of Korea　麻布高等学校（東京）

Czech Republic　香川誠陵高等学校（香川）

Russian Federation　渋谷教育学園幕張高等学校（千葉）

United States of America　灘高等学校（兵庫）

ベストポジションペーパー賞

Brazil　聖心女子学院高等科（東京）

[第 5 回]　議題　エネルギー安全保障　Energy Security

最優秀賞　Georgia　慶應義塾湘南藤沢高等部（神奈川）

優秀賞　Australia　実践女子学園高等学校（東京）

Bangladesh　渋谷教育学園幕張高等学校（千葉）

India　聖心女子学院高等科（東京）

United Arab Emirates　栄光学園高等学校（神奈川）

ベストポジションペーパー賞

Libya　開成高等学校（東京）

会議監督特別賞

Turkey　渋谷教育学園幕張高等学校（千葉）

Chad　東京学芸大学附属国際中等教育学校（東京）

Russian Federation　和歌山県立日高高等学校（和歌山）

[第 6 回]　議題　核軍縮　Nuclear Disarmament

最優秀賞　China　灘高等学校（兵庫）

優秀賞　Argentina　開成高等学校（東京）

Australia　実践女子学園高等学校（東京）

Brazil　桐蔭学園中等教育学校（神奈川）

Indonesia　渋谷教育学園幕張高等学校（千葉）

審査員特別賞

United States of America　西大和学園高等学校（奈良）

ベストポジションペーパー賞

Mexico　聖心女子学院高等科（東京）

付録1　全日本高校模擬国連大会と全国高校教育模擬国連大会（AJEMUN）の記録　179

〔第7回〕 議題 **児童労働** Child Labour

最優秀賞 Ethiopia 渋谷教育学園幕張高等学校(千葉)

優秀賞 China 灘高等学校(兵庫)

Kenya 聖心女子学院高等科(東京)

Morocco 大阪教育大学附属高等学校池田校舎(大阪)

Somalia 実践女子学園高等学校(東京)

Uganda 渋谷教育学園渋谷高等学校(東京)

ベストポジションペーパー賞

Saudi Arabia 聖心女子学院高等科(東京)

〔第8回〕 議題 **食料安全保障** Food Security

最優秀賞 会議A:Saudi Arabia 実践女子学園高等学校(東京)

会議B:Italy 桐蔭学園高等学校(神奈川)

優秀賞 会議A:Germany 六甲高等学校(兵庫)

Madagascar 聖心女子学院高等科(東京)

会議B:Germany 渋谷教育学園渋谷高等学校(東京)

United States of America 灘高等学校(兵庫)

ベストポジションペーパー賞

会議A:Indonesia 聖心女子学院高等科(東京)

会議B:Colombia 京都市立西京高等学校(京都)

〔第9回〕 議題 **国際移住と開発** International Migration and Development

最優秀賞 会議A:Sudan 桐蔭学園中等教育学校(神奈川)

会議B:Russian Federation 灘高等学校(兵庫)

優秀賞 会議A:Argentina 神戸女学院高等学部(兵庫)

Sweden 渋谷教育学園渋谷高等学校(東京)

会議B:Canada 麻布高等学校(東京)

Portugal 関西創価高等学校(大阪)

ベストポジションペーパー賞

会議A:Angola 愛知県立旭丘高等学校(愛知)

会議B:Australia 東京女学館高等学校(東京)

180

〔第10回〕 **議題** 国際安全保障の文脈における情報及び電気通信分野の進歩
Development in the field of information and telecommunications in
the context of international security

|最優秀賞| 会議A：Netherlands 渋谷教育学園幕張高等学校（千葉）

会議B：Belarus 灘高等学校（兵庫）

|優秀賞| 会議A：Brazil 桐蔭学園中等教育学校（神奈川）

Canada 開成高等学校（東京）

会議B：Poland 浅野高等学校（神奈川）

Republic of Korea 渋谷教育学園渋谷高等学校（東京）

ベストポジションペーパー賞

会議A：France 桐光学園高等学校（神奈川）

会議B：Russian Federation 中央大学附属高等学校（東京）

〔第11回〕 **議題** 人権とジェンダー平等 Human rights and Gender equality

|最優秀賞| 会議A：Mexico 海城高等学校（東京）

会議B：United Arab Emirates 桐蔭学園中等教育学校（神奈川）

|優秀賞| 会議A：Ethiopia 渋谷教育学園渋谷高等学校（東京）

Norway 鳥取県立鳥取西高等学校（鳥取）

会議B：Poland 頌栄女子学院高等学校（東京）

Slovakia 浅野高等学校（神奈川）

ベストポジションペーパー賞

会議A：France 西大和学園高等学校（奈良）

会議B：France 渋谷教育学園幕張高等学校（千葉）

〔第12回〕 **議題** 武器移転 Arms Transfers

|最優秀賞| 会場A：New Zealand 桐蔭学園中等教育学校（神奈川）

会場B：United Kingdom 渋谷教育学園幕張高等学校（東京）

|優秀賞| 会場A：Ghana 浅野高等学校（神奈川）

Belgium 灘高等学校（兵庫）

会場B：Ghana 麻布高等学校（東京）

Iran 聖心女子学院高等科（東京）

選考員特別賞

会場A：Iran 海陽中等教育学校（愛知）

会場B：Syria 岐阜県立岐阜高等学校（岐阜）

ベストポジションペーパー賞

会場A：Canada 和歌山県立田辺高等学校（和歌山）

会場B：Pakistan 田園調布学園高等部（東京）

付録1 全日本高校模擬国連大会と全国高校教育模擬国連大会（AJEMUN）の記録 181

第 1 回全国高校教育模擬国連大会（AJEMUN） 受賞校一覧

議題 核軍縮 Nuclear Disarmament

〔A議場〕

最優秀賞 Russian Federation　　　海城中学高等学校（東京）

優秀賞 United States of America　渋谷教育学園幕張高等学校（千葉）

France　　　　　　　　　西大和学園高等学校（奈良）

United Arab Emirates　　海陽中等教育学校（愛知）

実行委員特別賞

D.P.R Korea　　　　　　西大和学園高等学校（奈良）

〔B議場〕

最優秀賞 United Kingdom　　　　西大和学園高等学校（奈良）

優秀賞 Germany　　　　　　　　豊島岡女子学園高等学校（東京）

India　　　　　　　　　西大和学園高等学校（奈良）

Myanmar　　　　　　　市川高等学校（千葉）

実行委員特別賞

Fiji　　　　　　　　　　金沢大学附属高等学校（石川）

〔C議場〕

最優秀賞 D.P.R.Korea　　　　　　渋谷教育学園幕張高等学校（千葉）

優秀賞 Austria　　　　　　　　浅野高等学校（神奈川）

France　　　　　　　　　浅野高等学校（神奈川）

China　　　　　　　　　逗子開成高等学校（神奈川）

実行委員特別賞

Algeria　　　　　　　　豊島岡女子学園高等学校（東京）

〔D議場〕

最優秀賞 United States of America　浅野中学校（神奈川）

優秀賞 Norway　　　　　　　　麻布中学校（東京）

Brazil　　　　　　　　　浅野中学校（神奈川）

Italy　　　　　　　　　新潟明訓中学校（新潟）

実行委員特別賞

Iraq　　　　　　　　　東京韓国学校中等部（東京）

第 1 回全国高校教育模擬国連大会（AJEMUN）　参加校一覧

AICJ中学・高等学校
浅野中学高等学校
朝日塾中等教育学校
麻布高等学校
市川高等学校
追手門学院中・高等学校
鴎友学園女子高等学校
大谷高等学校
大妻中野高等学校
お茶の水女子大学附属高等学校
海城中学高等学校
海陽中等教育学校
神奈川学園高等学校
神奈川県立横浜国際高等学校
金沢大学附属高等学校
岐阜県立関高等学校
公文国際学園高等部
群馬県立高崎女子高等学校
ぐんま国際アカデミー高等部
慶應義塾高等学校
慶應義塾女子高等学校
晃華学園高等学校
佼成学園女子高等学校
国際基督教大学高等学校
金光大阪高等学校
札幌日本大学高等学校
渋谷教育学園幕張高等学校
頌栄女子学院高等学校
昭和女子大学附属昭和高等学校
女子学院高等学校
自由学園高等科
逗子開成高等学校
駿台甲府高等学校
星城高等学校
聖心女子学院高等科
高田高等学校
玉川学園高等部

筑波大学附属坂戸高等学校
桐蔭学園高等学校
桐光学園高等学校
桐朋高等学校
豊島岡女子学園高等学校
千葉県立千葉東高等学校
中央大学杉並高等学校
中央大学附属高等学校
東京インターハイスクール
東京女学館高等学校
東京都立杉並総合高校
新潟明訓高等学校
西大和学園高等学校
広島女学院中学高等学校
福山市立福山高等学校
富士見丘高等学校
富士見高等学校
法政大学女子高等学校
三輪田学園高等学校
明治学園中学校高等学校
山手学院高等学校
山梨県立吉田高等学校
山脇学園高等学校
横浜雙葉高等学校
ラ・サール高等学校
立教女学院高等学校
立命館高等学校
立命館守山高等学校
早稲田実業学校高等部
早稲田大学本庄高等学院

計67校

付録1　全日本高校模擬国連大会と全国高校教育模擬国連大会（AJEMUN）の記録　　183

第 2 回全国高校教育模擬国連大会（AJEMUN） 受賞校一覧

議題 国際安全保障の文脈における情報及び電気通信分野の進歩

Development in the field of information and telecommunications in the context
of international security

〔A議場〕 （優秀賞は原則 3 校であるが，3 位以下同点のため 5 校に）

最優秀賞	Qatar	渋谷教育学園幕張高等学校（千葉）
優秀賞	Thailand	浅野中学高等学校（神奈川）
	Singapore	駒場東邦高等学校（東京）
	United Kingdom	玉川学園高等部（東京）
	Dominican Republic	岐阜県立岐阜高等学校（岐阜）
	Papua New Guinea	市川高等学校（千葉）

実行委員特別賞

　　　　Poland　　　　　　　　　　渋谷教育学園幕張高等学校（千葉）

〔B議場〕

最優秀賞	Serbia	海城高等学校（東京）
優秀賞	Ecuador	渋谷教育学園幕張高等学校（千葉）
	Germany	渋谷教育学園幕張高等学校（千葉）
	Nigeria	西大和学園高等学校（奈良）

実行委員特別賞

　　　　Argentina　　　　　　　　　浅野中学高等学校（神奈川）

〔C議場〕

最優秀賞	Estonia	東京女学館高校（東京）
優秀賞	Colombia	駒場東邦高等学校（東京）
	Nigeria	渋谷教育学園幕張高等学校（千葉）
	El Salvador	中央大学杉並高等学校（東京）

実行委員特別賞

　　　　Jordan　　　　　　　　　　高田中高等学校（三重）

〔D議場〕

最優秀賞	Tunisia	逗子開成中学・高等学校（神奈川）
優秀賞	United States of America	駒場東邦高等学校（東京）
	Australia	駒場東邦高等学校（東京）
	China	中央大学杉並高等学校（東京）

実行委員特別賞

　　　　Russian Federation　　　　東京女学館高校（東京）

第 2 回全国高校教育模擬国連大会（AJEMUN）　参加校一覧

浅野中学高等学校

麻布高等学校

郁文館グローバル高等学校

市川高等学校

叡明高等学校

江戸川学園取手高等学校

桜蔭高等学校

大谷高等学校

大妻高等学校

大妻中野高等学校

海城中学高等学校

海陽中等教育学校

学習院高等科

鹿児島情報高等学校

神奈川学園高等学校

神奈川県立横浜国際高等学校

金沢大学附属高等学校

関西学院千里国際高等部

岐阜県立岐山高等学校

岐阜県立岐阜高等学校

岐阜県立関高等学校

京都市立堀川高等学校

公文国際学園高等部

クラーク記念国際高等学校(横浜)

群馬県立中央中等教育学校

ぐんま国際アカデミー中高等部

佼成学園女子高等学校

國學院大學久我山高等学校

駒場東邦高等学校

埼玉県立浦和西高等学校

済美高等学校

滋賀県立守山高等学校

渋谷教育学園幕張高等学校

十文字高等学校

頌栄女子学院高等学校

女子聖学院高等学校

水城高等学校

逗子開成高等学校

清教学園高等学校

聖心女子学院高等科

清泉女学院高等学校

青稜中学校高等学校

高田中高等学校

玉川学園高等部

千葉県立千葉東高等学校

中央大学杉並高等学校

中央大学附属高等学校

田園調布学園中等部高等部

東京インターハイスクール

東京女学館高等学校

東京都市大学等々力高等学校

東京都立小石川中等教育学校

東京農業大学第一高等学校

豊島岡女子学園高等学校

新潟県立直江津中等教育学校

西大和学園高等学校

福山市立福山高等学校

富士見丘高等学校

富士見高等学校

本郷高等学校

松本秀峰中等教育学校

三田国際学園中学高校

三輪田学園高等学校

盛岡中央高等学校

山手学院高等学校

山脇学園高等学校

横浜雙葉高等学校

ラ・サール高等学校

洛南高等学校

立教女学院高等学校

立命館高等学校

計71校

付録1　全日本高校模擬国連大会と全国高校教育模擬国連大会（AJEMUN）の記録　185

基本用語解説

大会名

全日本高校模擬国連大会〔All Japan High School Model UN Conference〕
　グローバル・クラスルーム日本委員会が主催し，ユネスコ・アジア文化センターと国際連合大学が共催する高校生の模擬国連大会。毎年11月に国連大学(東京・渋谷)で2日間にわたって開催される。各高校からの参加人数は数名に限られ，かつ事前に課題を提出して審査される一次選考(書類選考)がある。この大会では表彰が行われ，上位に入賞したチームはニューヨークで開催される模擬国連国際大会に日本代表として派遣される。

全国高校教育模擬国連大会〔AJEMUN〕〔All Japan Educational Model United Nations〕
　全国中高教育模擬国連研究会が主催し，毎年8月に都内で開催される高校生の模擬国連大会。会議の準備・運営を，全国から募集した高校生の実行委員と役員を務める高校教員が担い，500〜700名規模(4〜5つの議場)で2日間にわたって行われる。各高校からの参加人数はある程度の制限が設けられているが一次選考はなく，初心者(初級者)を対象とした会議も設けられるので，だれでも参加できる大会となっている。

役職名

フロント〔Front〕　会議の議題を設定し，議題概説書の作成や大使の国割りなどの準備を進め，会議当日は議事進行や決議案(DR)の内容確認などをおこなう。フロントは通常3名から構成される。
　①会議監督〔Director〕
　　…議題を設定し，議題概説書を用意したり，大使の国割りをおこなったりして会議の準備を主導する。会議当日は，議事進行をサポートし，トラブルなどに対応する。
　②議長〔Chair〕
　　…会議当日の議事進行を担う。開会宣言や出欠確認，モーション(動議)の募集，DRの投票など時間内に会議が終了するように差配する。
　③秘書官〔Secretary〕
　　…スピーカーズ・リストや，モーションの内容などをPCに記録する書記の役割を担う。会議によっては副議長(Vice Chair)と表記されることもある。

大使〔Delegate〕　基本的には2人一組で担当する。その場合はペア・デリゲーツ(Pair delegates)という。会議によってはダブル・デリゲーツということもある。もちろん一人だけ(Single)の場合も3人で1国を担当する(Triple)場合もある。

アドミニ〔Administrator〕　フロントと連携して会議の運営をサポートするスタッフ。主に会場準備やメモ回し，印刷された決議案(DR)の配布などを担当する。アドミニが不在か少ない場合は，顧問教員や見学生徒も手伝うことがある。

オブザーバー〔Observer〕　非政府組織や民間企業など会議で発言権はあるが，投票権がない

186

団体や組織。

会合〔Meeting〕　会議（会期）はいくつかの会合に分かれておこなわれる。1日会議では，午前と午後の間に昼食時間を設けるので，午前を第一会合，午後を第二会合と分けることになる。しかし，高校生レベルではあまり意識されてはいない。

会議準備

議題概説書〔Background Guide　通称：BG〕　議題についての概説書であり解説書。基本的には次の内容で構成される。

①議題設定の理由

②議題に関する現状分析…現在の議題に関する状況や，国連など実際の会議でこれまで議論されてきた経緯。

③会議での論点…今回の会議で，どのような論点を話し合えばよいかという指針と，逆に時間の都合で話し合ってはいけないことを明記。

アウト・オブ・アジェンダ〔Out of Agenda〕　議題によっては，あまりに専門的なことや議論にはふさわしくないことがあるため，前もってBGで論点にしない内容を明記しておく。その項目や内容のこと。

ポジション・アンド・ポリシー・ペーパー〔Position&Policy paper　通称：PPP〕　ポジション・ペーパー（Position paper　略称：PP）ともいう。大使が担当国の国情や政策などをリサーチしてまとめた文書。フロントからの質問形式で回答していく場合と，自由に記述していく場合がある。PPPとPPに大きな違いはない。

ネゴシエーション・ペーパー〔Negotiation Paper　通称：NP〕　自国のスタンスや政策を簡潔にまとめたビラ。討議に際して自国の紹介も兼ねて配布する。NPを禁止している会議もあるので，事前に配布してよいかを確認するとよい。

会議細則　会議ごとに適用されるルールや注意点をまとめた文書。とりわけ決議案（DR）の提出に必要なスポンサー（賛同国）の数や，スピーチやモーション（動議），投票などの方法について説明したもの。

プロシージャー〔Procedure〕　会議の議事進行の方法やルールなどをまとめた文書。会議の流れや進行方法を説明したもので，会議細則と一体になる場合がある。

会議当日

ロール・コール〔Roll-Call〕　議長が1カ国ずつ出席の確認をすること。国名を呼ばれたら，大使は机上のプラカードを掲げて返答する。

公式スピーチ〔Formal Speech〕　各国大使がスピーカーズ・リストに記載された順に，登壇しておこなうスピーチ。フォーマル・ディベート（Formal Debate）ともいう。議題に関する各国のスタンスや会議でのコンセンサスによる解決などを訴えることが多い。

スピーカーズ・リスト〔Speaker's List〕　公式スピーチの順番が記録されたリスト。会議中はプロジェクターで投影して表示される。スピーチの順番は，議長の呼びかけに応じてプラカードを掲げた国（大使）が，議長からランダムに選ばれて決定される。

付録2　基本用語解説　　187

スピーカーズ・リストの開放〔Opening of the speaker's list〕 公式スピーチを希望する大使の募集。議長が任意で希望する大使を指名してゆき，秘書官がリストに国名を掲載する。このリストに掲載された順番でスピーチがおこなわれ，リストにある国がすべてスピーチを終えると会議が終了となる。よって，会議途中でスピーチする国がなくなると判断される場合は，議長の判断で追加の開放(再募集)がおこなわれる。

動議〔Motion〕／**申し立て**〔Point〕 どちらも公式スピーチの合間に，議長の呼びかけに応じて大使が挙手で発言を求める行為。討議を具体的に進める方法として，大使が議事進行の方法を提案するときに「モーション！」といい，議事に関係なくても質問や異議申し立てなどがある場合に「ポイント！」といって指名してもらう。モーションが複数の場合，数カ国が指名されて決議にかけられるので，指名されずに終わることもある。

着席討議(モデレーテッド・コーカス)〔Moderated Caucus 通称:モデ〕 着席討議という意味。すべての大使が着席したまま，一定時間(10〜20分程度が目安)内で討議する。討議する内容，全体の時間と各国大使の発言時間は，動議のなかで提案しておく。進行役は，議長でも提案国でもよい。

非着席動議(アンモデレーテッド・コーカス)〔Unmoderated Caucus 通称:アンモデ〕 非着席討議という意味。自由に立ち歩いて討議してよい時間。時間は動議のなかで提案されるが，30〜40分程度のことが多い。すべての大使が希望すれば延長(10分程度)も可能。この時間に大使どうしの個別交渉や決議案の作成がおこなわれる。時には昼食時間を兼ねることもある。

メモ回し 離席できない動議の最中やモデ(着席討議)の時間に，他国の大使へのメッセージをメモに記入して，最寄りのスタッフ(アドミニ)に渡して届けてもらうというもの。簡単な伝達やアンモデでの交渉の呼びかけなどが記入される。スピーチや投票のときにはメモ回しが禁止されるのが通例である。

ワーキング・ペーパー〔Working Paper 通称:WP，ワーペ，作業文書〕 決議案(DR)の草稿段階の文書。通常はDRと同じ書式で作成する。スポンサーが集まらずDRが出せないとき，WPのままで投票にかけられることもあるが，可決されても正式な文書とはみなされない。

決議案〔Draft Resolution 通称:DR〕 議題についての解決策や方針などをまとめた決議前(草稿段階)の文書。可決して採択されれば，「レゾ」(Resolution)となる。

スポンサー〔Sponsor〕 議案として提出することに賛成した国。なかでもリーダーシップをとった国がメイン・スポンサー(Main Sponsor)となり，質疑応答に際して代表国として回答する。

ディレク・チェック〔Director Check〕 提出された決議案に不備や誤りがないか会議監督などフロントが校正すること。スポンサーの数が必要数を満たしているか，前文と主文や項目ごとの内容に矛盾はないか，論点外(Out of Agenda)にふれていないかなどをチェックする。

決議案の修正案〔Amendment 通称:アメンド〕 決議案の修正案。一度提出された決議案を，再度の討議や交渉などをもとに文言を修正して提出された案。

コンバイン〔Combine〕 2つ以上のDRを統合すること。一度の会議でDR.1とDR.2の2本のDRが提出されたとき，一本化が可能ならどちらかをベースに統合することができる。この場合は，DR.1とDR.2を統合して新しいDR.3をつくるのではなく，ベースとなるDRにもう一方の文言や内容を含ませて，DR/Rev(ベースとなるDRのアメンド)が作成されたとみなす(DR.1がベースならDR.1/

Rev.1となる)。よって，残ったもう一方のDRが撤回される(DR.1/Rev.1ができたらDR.2が撤回される)。

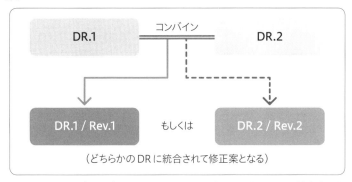

▲DR.1とDR.2がコンバインしたときのイメージ。DR.1をベースに統合するなら，DR.1/Rev.1がDR.1の修正案として提出されることになり，DR.2は提出国に撤回してもらう。DR.2がベースの場合はその逆の手順となる。

点呼による投票〔**Roll-call vote**〕　議長が１カ国ずつ指名して投票の確認をすること。国名を呼ばれたら，大使は机上のプラカードを掲げて返答する。返答は，Yes/No/Abstention/Passの４種類で，Passは１巡目のみで，かつ２巡目でYes/Noのどちらか(Abstentionは不可)を返答しなくてはならない。

全会一致を確認する投票〔**Consensus voting**〕　全会一致を確認する投票。１国でも反対票が挙がれば，自動的に点呼による投票に移る。

挙手による投票（無記録投票）〔**Unrecorded voting**〕　議長が賛成・反対・棄権のいずれかを問うので，大使はプラカードを挙げて意思表示する。どの国がどのような意思を表示したのかという記録はとらず，それぞれの投票数だけで判断される。

決議（可決された決議案）〔**Resolution**　通称：**レゾ**〕　国連の公式文書となるもの。

執筆者紹介〈執筆順〉

宮坂 武志（みやさか たけし）
　　浅野中学・高等学校　社会科（世界史）

米山 宏（よねやま ひろし）
　　公文国際学園中等部・高等部　社会科（地理）

竹林 和彦（たけばやし かずひこ）
　　早稲田実業学校中等部・高等部　社会科（地理）

室﨑 摂（むろざき せつ）
　　渋谷教育学園渋谷中学高等学校　英語科

飯島 裕希（いいじま ゆうき）
　　頌栄女子学院中学校・高等学校　社会科（倫理・政治経済）

関 孝平（せき こうへい）
　　大妻中学高等学校　英語科

齊藤 智晃（さいとう ともあき）
　　渋谷教育学園幕張中学校・高等学校　社会科（地理）

柿岡 俊一（かきおか しゅんいち）
　　埼玉県立浦和西高等学校　英語科

後藤 芳文（ごとう よしふみ）
　　玉川学園中学部・高等部　国語科

全国中高教育模擬国連研究会（全模研）への入会，その他のお問い合わせは，以下のメールアドレスまでご連絡下さい。（代表：米山宏）

ajemun2020@gmail.com

高校生の模擬国連　世界平和につながる教育プログラム

2019年 7 月30日　　1 版 1 刷　発行	
2020年11月30日　　1 版 2 刷　発行	

編者	全国中高教育模擬国連研究会
発行者	野澤武史
発行所	株式会社　山川出版社
	〒101-0047　東京都千代田区内神田1-13-13
	電話　03-3293-8131(営業)　03-3293-8134(編集)
	https://www.yamakawa.co.jp/
表紙・本文デザイン	株式会社　アート工房
印刷	アベイズム株式会社
製本	株式会社　ブロケード

©2019　Printed in Japan
ISBN978-4-634-64167-9

本書の一部あるいは全部を無断で複写複製(コピー)することは，法律で認められた
場合を除き，著作権および出版(発行)者の権利の侵害となります。

● 造本には十分注意しておりますが，万一，落丁・乱丁などがございましたら，営業部宛に
お送りください。送料小社負担にてお取り替えいたします。